Moritz zu Solms-Laubach

Der deutsche Wohnimmobilienmarkt anhand ausgewählter Gebiete unter Berücksichtigung des Bauträgergeschäftes

Chancen und Risiken unter besonderer Betrachtung der demografischen Entwicklung

Dokument Nr. V45303 aus dem GRIN Verlagsprogramm

Moritz zu Solms-Laubach

Der deutsche Wohnimmobilienmarkt anhand ausgewählter Gebiete unter Berücksichtigung des Bauträgergeschäftes

Chancen und Risiken unter besonderer Betrachtung der demografischen Entwicklung

GRIN Verlag

Bibliografische Information Der Deutschen Bibliothek: Die Deutsche Bibliothek verzeichnet diese Publikation in der Deutschen Nationalbibliografie; detaillierte bibliografische Daten sind im Internet über http://dnb.ddb.de/ abrufbar.

1. Auflage 2005

http://www.grin.com/
Druck und Bindung: Books on Demand GmbH, Norderstedt Germany
ISBN 978-3-638-71572-0

Munich | Business | School

Diplomarbeit:

Der deutsche Wohnimmobilienmarkt anhand ausgewählter Gebiete

unter Berücksichtigung des Bauträgergeschäftes

- Untersuchung von Chancen und Risiken unter besonderer

Betrachtung der demografischen Entwicklung -

Freie wissenschaftliche Arbeit zur Erlangung des akademischen Grades

„Diplom-Betriebswirt (FH)"

an der Munich Business School

vorgelegt von: Moritz Graf zu Solms-Laubach

Abgabetermin: 31. August 2005

Inhaltsverzeichnis

Abbildungsverzeichnis

Tabellenverzeichnis

Anhangsverzeichnis

Abkürzungsverzeichnis

BGB	Bürgerliches Gesetzbuch
BIP	Bruttoinlandsprodukt
DIW	Deutsches Institut für Wirtschaftsforschung
e	erwartet
EK	Eigenkapital
EStG	Einkommenssteuergesetz
FK	Fremdkapital
GF	Geschossfläche
GFZ	Geschossflächenzahl
GRZ	Grundflächenzahl
IVD	Immobilien Verband Deutschland
LBS	Landesbausparkasse
MaBV	Makler- und Bauträgerverordnung
o.i.	oberirdisch
S&P	Standard and Poors
Stpl.	Stellplätze
u.i.	unterirdisch
WE	Wohneinheit

1. Einleitung

1.1. Einführung in die Thematik

Die Wohnimmobilienwirtschaft in Deutschland ist im Wandel. Analysen von Instituten (wie das Statistische Bundesamt) und Forschern befassen sich bereits seit längerem mit der historischen und zukünftigen demografischen und soziökonomischen Entwicklung und den damit zusammenhängenden Auswirkungen auf die Wirtschaft und Landesentwicklung. Deutschland ist eines der bedeutendsten Volkswirtschaften der Welt, die in nächster Zukunft erheblich von den demografischen Auswirkungen insbesondere der Alterung der Gesellschaft belastet wird.

Aufgrund der sich verändernden Rahmenbedingungen wird das Land in allen Wirtschaftsbereichen neu geprägt. Die Immobilienwirtschaft ist ein bedeutendes Standbein der deutschen Volkswirtschaft und bedarf einer besonderen Aufmerksamkeit. Das sich verändernde Marktumfeld hat unmittelbaren Einfluss auf die Angebots- und Nachfragesituation von Immobilien.

Im Bauträgergeschäft verbirgt sich trotz schwieriger Rahmenbedingungen ein großes Potenzial insbesondere auf dem Wohnimmobilienmarkt. Das Bauträgergeschäft beinhaltet die unternehmerische Planung, Vermarktung und Veräußerung von Wohnimmobilien mit dem Ziel, eine von den finanzierenden Banken geforderte Gesamtkapitalrendite von mindestens 15 % zu erwirtschaften. Die Bedingungen in Deutschland werden zunehmend schwieriger, eine ertragsreiche Investition zu tätigen. Aus diesem Grunde stellen die Standortanalyse sowie die Analyse des Marktumfeldes eine zentrale Funktion des Bauträgergeschäftes dar.[1]

Die schwache wirtschaftliche Lage, die Investitionszurückhaltung der Haushalte, die negativen Aussichten der demografischen Entwicklung in Deutschland sowie die ausgeprägten Eingriffe der Politik in die Wirtschaft wirken belastend auf den Wohnimmobilienmarkt. Diese Rahmenbedingungen haben die Renditen einer Investition in die Wohnimmobilie verschlechtert und erhöhten auch gleichzeitig wesentlich das Risiko.

Die derzeitigen demografischen und sozioökonomischen Entwicklungen in der Bundesrepublik deuten auf eine dynamische Verlagerung der Angebots- und Nachfrageseite auf verschiedene Regionen hin. Diese Veränderungen werden das Land nachhaltig prägen,

---

[1] Vgl. o. V. (2005): 2030 Deutschland mit mehr Einwohnern als heute, http://www.lbs.de/bayern/die-lbs/presse/lbs-research/deutschland, 01.07.2005.

wobei eine klare Verschiebung der Nachfrage von Ost- nach Westdeutschland sowie von Nord- nach Süddeutschland festzustellen ist. Ebenso zeichnet sich diese Verschiebung vom Land- zur Stadt- bzw. zu Ballungsgebieten ab.

1.2. Themenabgrenzung

In dieser Arbeit soll der deutsche Wohnimmobilienmarkt betrachtet werden mit Fokus auf die beiden stabilen und robusten Wirtschaftsräume Bayern und Baden-Württemberg. Ziel dieser Arbeit ist beispielhaft herauszufinden, welche Landkreise und Stadtgebiete unter Aufzeichnung der globalen und lokalen Chancen und Risiken sich für das Bauträgergeschäft mit neugebauten Eigentumswohnungen eignen.

Durch eine Analyse des Nachfragemarktes nach Eigentumswohnungen soll eine Zielgruppe mit ihrem Anforderungsprofil festgestellt werden. Hierbei spielen insbesondere die demografische Entwicklung sowie das Altern der Gesellschaft eine große Rolle. In dieser Arbeit stellt der Eigennutzer als potenzieller Käufer einer Eigentumswohnung die Zielgruppe dar. Der Kapitalanleger findet hier keine besondere Betrachtung. Ein Kapitalanleger verfolgt das Ziel, sein Vermögen mit einer angemessenen Rendite anzulegen sowie an der Wertsteigerung eines Objektes zu partizipieren. Kapitalanleger investieren in Ein- und Mehrfamilienhäuser, Eigentumswohnungen und Gewerbeimmobilien mit dem Ziel, durch die Vermietung und Verpachtung eine Rendite zu erwirtschaften.[2]

Die Fachliteratur unterscheidet nicht zwischen dem allgemeinen Wohnungsmarkt und dem dazugehörigen Teilmarkt „Eigentumswohnungen“. Aus diesem Grunde wird in dieser Arbeit der Wohnungsmarkt betrachtet, der die Situation der Märkte für Eigentumswohnungen zum größten Teil widerspiegelt.

1.3. Zusammenfassende Übersicht der Arbeit

Im ersten Abschnitt (Ziffer 2.) erfolgt zunächst eine Definition verschiedener Begriffe, die sich auf das Bauträgergeschäft mit Eigentumswohnungen beziehen. Dazu zählen die Immobilie, die Investoren, die Demografie sowie die Rendite und der Ertrag.

---

[2] Vgl. Falk, B. (Hrsg.) (2000): Fachlexikon Immobilienwirtschaft, 2. vollst. überarb. u. erweit. Aufl., Köln, S. 468; ebenso Gondring, H. (Hrsg.) (2004): Immobilienwirtschaft. Handbuch für Studium und Praxis, München, S. 34.

Der zweite Abschnitt (Ziffer 3.) befasst sich mit den Zielvorstellungen und Risiken eines Bauträgers. Der darauf folgende Abschnitt (Ziffer 4.) umfasst die Darstellung der gesamtwirtschaftlichen Rahmenbedingungen, der Situation der Wohnungsmärkte sowie die Einflüsse durch Gesetz, Rechtssprechung und Steuerrecht auf den Wohnungsmarkt. Hinzu kommt die Darstellung der Kreditvergabereform „Basel II". „Basel II" hat die Vergabekriterien von Krediten seitens der Banken erheblich verändert, was direkte Auswirkungen auf die Finanzierungsmöglichkeiten und -kosten der Bauträger und Eigennutzer hat. Um die Auswirkungen besser darzustellen, werden beispielhaft Bauträger nach drei Bonitätstypen unterschieden.

Im Anschluss daran (Ziffer 5.) erfolgt die Darstellung der Entwicklung der Angebotsseite von Wohnimmobilien. In diesem Abschnitt werden einerseits die Situation der Wohnungsbautätigkeit in den südlichen Bundesländern, die Entwicklung und Struktur der Wohnungsbauinvestitionen sowie die Anbieter von Eigentumswohnungen aufgeführt.

Die Arbeit untersucht das Nachfrageverhalten der Privathaushalte (Ziffer 6.), die als Eigennutzer von Eigentumswohnungen in Frage kommen. Aus diesem Grund sind die demografischen und sozioökonomischen Rahmenbedingungen genauer zu untersuchen. Dabei wird insbesondere auf die Entwicklung von Haushalten und die Nachfrage älter werdenden Menschen eingegangen, da diese zunehmend den deutschen Markt beeinflussen werden. Außerdem findet eine Betrachtung der ausländischen Bevölkerung statt, die aufgrund der Zuwanderungen zu einer wachsenden Nachfrage werden. Als Ergebnis werden die grundlegenden Trends und Tendenzen der Wohnungsnachfrage noch einmal zusammengefasst.

Ziffer 7. befasst sich mit der Darstellung des Ergebnisses einer Standortanalyse der kreisfreien Städte und Landkreise in Bayern und Baden-Württemberg. Die Analyse erfolgt auf Basis der in dieser Arbeit berücksichtigten Daten und präsentiert einem Bauträger, gegliedert nach einem Ranking, die attraktivsten Standorte Süddeutschlands für mögliche Wohnbauinvestitionen.

In einer Schlussfolgerung (Ziffer 8.) erfolgt zum einen eine Beispielrechnung einer Bauträgertätigkeit und zum anderen eine Zusammenfassung der Ergebnisse der Arbeit.

2. Definitionen

2.1. Immobilie

Eine Immobilie ist ein mit Grund und Boden verbundenes Objekt.[3] Sie wird zwischen einer juristischen und einer wirtschaftlichen Betrachtungsebene unterschieden.

2.1.1. Juristischer Immobilienbegriff:

In den deutschen Gesetzestexten wurde bislang der Begriff „Immobilie“ nicht definiert. Vielmehr findet im Bürgerlichen Gesetzbuch (BGB) der Ausdruck „Grundstück“ Verwendung. Der Begriff wird durch die Paragrafen 94 bis 98 BGB (Allgemeiner Teil) sowie 873 bis 902 (Sachenrecht) genormt.[4]

Im Sinne des BGB wird ein Grundstück als ein räumlich abgegrenzter Teil der Erdoberfläche bzw. des Grund und Bodens bezeichnet, der eine wirtschaftliche Einheit mit den dazugehörigen Gebäuden und Bestandteilen bildet.

2.1.2. Ökonomischer Immobilienbegriff:

Bei der betriebswirtschaftlichen Betrachtungsweise wird die Immobilie insbesondere durch ihre Nutzungsart charakterisiert. Die wesentlichen Inhalte des Immobilienbegriffs sind der abgeschlossene Raum sowie die begrenzte Lebensdauer.[5]

Der Wert einer Immobilie wird erheblich von der Nachfrage der Marktteilnehmer beeinflusst. Die Ökonomie versteht die Immobilie zum einen als Investition – und somit als Kapitalanlage – und zum anderen als Produktionsfaktor.

Die Besonderheit der Immobilie ist ihre klare Abgrenzung zu anderen Wirtschaftsgütern. Im Folgenden sind die wesentlichen Charakteristika einer Immobilie zusammengefasst: Immobilität, Heterogenität, begrenzte Substituierbarkeit, Lebensdauer, Höhe des Investitionsvolumens und der Transaktionskosten.

---

[3] Vgl. o. V. (2005): Immobilie, http://de.wikipedia.org/wiki/Immobilie, 20.05.2005.

[4] Vgl. Falk, B. (2000), S. 403 f.; ebenso Gondring, H. (Hrsg.) (2004), S. 33; ebenso Schulte, K.-W. (2000): Immobilienökonomie. Band I Betriebswirtschaftliche Grundlagen, 2. überarb. Aufl., München, S. 15 f.

[5] Vgl. Falk, B. (2000), S. 404 f.; ebenso Gondring, H. (Hrsg.) (2004), S. 33; ebenso Schulte, K.-W. (2000), S. 16 f.

Die **Standortgebundenheit** ist das wichtigste Merkmal einer Immobilie.[6] Bereits in der Planungsphase wird die Lage festgelegt, die nicht mehr verändert werden kann. Dies hat unmittelbare Auswirkungen auf die Nutzungsmöglichkeiten und den ökonomischen sowie subjektiven Wert einer Immobilie. Des Weiteren zeichnet sich die Immobilie durch Ihre **Einzigartigkeit** aus. Die architektonische Gestaltung sowie unterschiedlichen Nutzungsarten verhindern, dass es exakt gleiche Immobilien gibt. Daraus ergibt sich ein einzigartiges und autonomes Wirtschaftsgut.[7]

Die **begrenzte Substituierbarkeit** des Raumes durch andere Wirtschaftgüter ist ein weiteres Charakteristikum der Immobilie. Die Nachfrage nach Raum wird insbesondere durch den Preis sowie dem Platzbedarf bestimmt. Nutzer sind bezüglich des Flächenbedarfs in der Regel unflexibel.

Die Immobilie zählt aufgrund ihres Lebenszyklus zu den **langlebigen Wirtschaftsgütern**. Grund und Boden kann sogar unbegrenzt lange genutzt werden. Dagegen wird bei den Gebäuden zwischen der wirtschaftlichen und technischen Nutzungsdauer unterschieden. Die technische Nutzungsdauer übertrifft die ökonomische Nutzungsdauer bei weitem.[8]

Immobilieninvestitionen sind mit einem hohen, oftmals langfristigen Kapitaleinsatz verbunden. Zudem fallen hohe Erwerbsnebenkosten in Form von Grunderwerbssteuer, Maklercourtage sowie Notar- und Grundbuchgebühren an. Das daraus resultierende hohe Investitionsvolumen schafft die Notwendigkeit, Immobilien möglichst langfristig zu halten. Gegenüber anderen Anlageformen weist die Immobilie eine schlechte Liquidierbarkeit auf.[9]

Der Immobilienmarkt lässt sich trotz Heterogenität nach Nutzungsart in drei Gruppen aufteilen: Wohn-, Gewerbe- und Sonderimmobilien.[10]

---

[6] Vgl. o. V. (2005): Immobilie, 20.05.2005.

[7] Vgl. Falk, B. (2000), S. 475.

[8] Vgl. Heuer, J./Nordalm, V. (1996): Die Wohnungsmärkte im gesamtwirtschaftlichen Gefüge, in: Jenkis, H. (Hrsg.): Kompendium der Wohnungswirtschaft, 3. überarb. u. erweit. Aufl., München, S. 25.

[9] Vgl. Falk, B. (2000), S. 475.

[10] Vgl. Gondring, H. (Hrsg.) (2004), S. 34; ebenso Schulte, K.-W. (2000), S. 21 f.

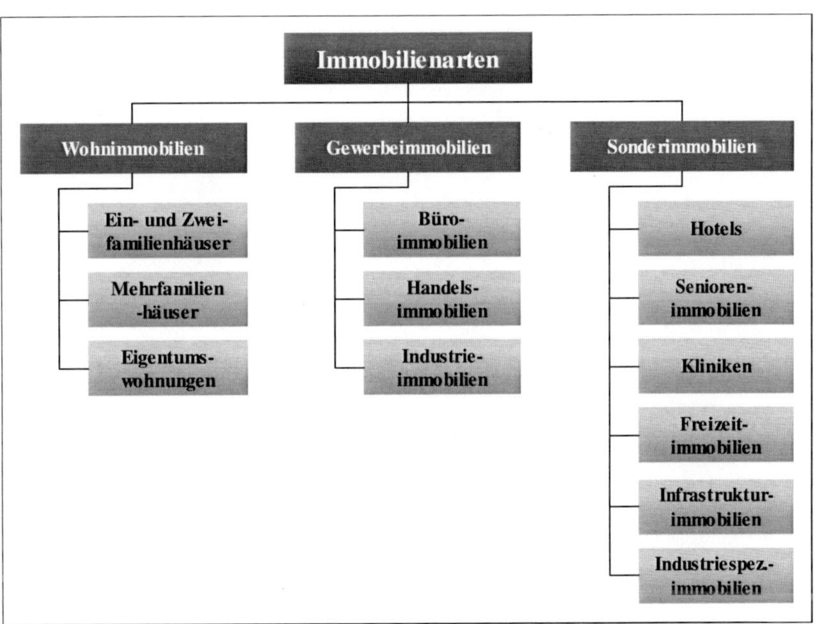

Abbildung 1: Immobilienarten[11]

Wohnimmobilien:

Zu den Wohnimmobilien zählen alle Wohnbauten, die mindestens zur Hälfte der Gesamtnutzungsfläche ausschließlich für Wohnzwecke genutzt werden. Soziale und demografische Faktoren haben einen grundlegenden Einfluss auf diese Art der Immobilie. Sie wird nicht nur als Wirtschaftsgut, sondern auch als Sozialgut angesehen.[12]

Die Wohnimmobilie untergliedert sich traditionell auf Basis der Anzahl der Wohneinheiten. Dazu zählen insbesondere Einfamilien-, Doppel- und Mehrfamilienhäuser und Eigentumswohnungen.

Eigentumswohnungen:

Das Wohneigentumsgesetz schafft die Voraussetzung, Eigentum an einzelnen bzw. sonstigen abgegrenzten Gebäudeteilen zu erwerben und bildet die Grundlage für die Eigentumswohnung. Das Gesetz beruht darauf, dass jeder Wohnungseigentümer einen Miteigentumsanteil nach der Anzahl der vorhandenen Wohnungen an dem Grundstück hält. Damit wird jeder Anteil zu einer eigenen Immobilie, der separat im Wohnungs-

---

[11] Eigene Darstellung in Anlehnung an (Gondring, H. (Hrsg.) (2004), S. 34; ebenso Schulte, K.-W. (2000), S. 23).

[12] Vgl. Gondring, H. (Hrsg.) (2004), S. 34; ebenso Jasper, D. (2001): Kompakthandbuch. Immobilien, Stuttgart, S. 273; ebenso Schulte, K.-W. (2000), S. 23.

grundbuch als eigenständiges Objekt aufgeführt wird. Außerdem kann ein Miteigentumsanteil auch über Sondernutzungsrechte wie Pkw-Stellplätze verbunden sein.[13]

2.2. Investoren

Investoren sind im Allgemeinen Personen oder Institutionen, die Kapital zielgerichtet und in der Regel langfristig binden, um daraus autonome Erträge zu erwirtschaften.[14] Durch Systematisierung der Immobilieninvestoren kann zwischen Privatanlegern, institutionellen Anlegern, Unternehmen und dem öffentlichen Sektor unterschieden werden. Im Folgenden wird jedoch nur auf den Privatanleger als Eigennutzer von Eigentumswohnungen und den Bauträger eingegangen.[15]

2.2.1. Eigennutzer als Privatanleger von Eigentumswohnungen

Eigennutzer sind neben den privaten Kapitalanlegern den „Privatanlegern" zuzuordnen. Sie erwerben in kleinem Rahmen Einfamilien-, Reihenhäuser und Eigentumswohnungen. Ihr Investitionsmotiv ist im Wesentlichen die Altersvorsorge, Selbstnutzung oder die Vermögensanlage.[16]

2.2.2. Bauträger

„Ein **Bauträger** errichtet auf einem ihm gehörenden Grundstück auf eigene Rechnung und im eigenen Namen eine Immobilie (...)"[17], deren Zweck die Weiterveräußerung ist. Somit tritt ein Bauträger als Bauherr auf und beschäftigt sich mit der Konzeption und Verwirklichung von Neubauprojekten sowie der Revitalisierung und Modernisierung von Wohnimmobilien.[18]

Zu den Tätigkeitsbereichen eines Bauträgers zählen neben der Sicherstellung der Finanzierung insbesondere die Überwachung und Koordination der Planungs- und Bauphasen

---

[13] Vgl. o. V. (2005): Wohneigentum, http://de.wikipedia.org/wiki/Eigentumswohnung, 30.06.2005.
[14] Vgl. Falk, B. (Hrsg.) (2000), S. 467.
[15] Vgl. Schulte, K.-W. (2000), S. 38.
[16] Vgl. Falk, B. (Hrsg.) (2000), S. 468; ebenso Schulte, K.-W. (2000), S. 38.
[17] O. V. (2005): Bauträger, http://www.immobiliedirekt.de/templates/glossar/index.php?buchstabe=b, 20.06.2005.
[18] Vgl. ebenda.

sowie die Vermarktung der Immobilie. Erst mit der Fertigstellung und dem Verkauf an den Nutzer endet die Aufgabe der Bauträgertätigkeit. In der Praxis versucht ein Bauträger bereits während der Planungs- oder Bauphase, das Objekt zu vermarkten.

Der Bauträger hat einen kurzfristig ausgelegten Zeithorizont, der lediglich durch die Planungs-, Genehmigungs-, Bau- und Vermarktungsphasen beeinflusst wird. Geschäftszweck ist die Realisierung eines Mehrwertes, der sich aus dem Neubau oder der Modernisierung bzw. Revitalisierung ergibt.

Das Bauträgergeschäft umfasst mit seinen Aktivitäten die Konzeption, Kalkulation, Bauplanung, Baudurchführung sowie Marketing und Verkauf des Immobilienprojektes. Ziel ist die Veräußerung des gesamten Objektes. Das umfangreiche Tätigkeitsfeld eines Bauträgers ist mit einem relativ hohen Risiko behaftet. Die wesentlichen Risiken sind insbesondere die Bau-, Zins-, Zeit- und Vermarktungsrisiken.[19]

2.3. Demografie

„Die Demographie bzw. Bevölkerungswissenschaft ist eine wissenschaftliche Disziplin, die sich mit dem Leben, Werden und Vergehen menschlicher Bevölkerungen befasst, sowohl mit ihrer Zahl als auch mit ihrer Verteilung im Raum und den Faktoren, insbesondere auch sozialen, die für Veränderungen verantwortlich sind. Die Erforschung der Regelmäßigkeiten und Gesetzmäßigkeiten des Zustandes und der Entwicklung der Bevölkerung wird mit Hilfe der Statistik erfasst und gemessen.“[20]

Die **Demografie** untersucht die Bevölkerung (z.B. Wohnbevölkerung), die Bevölkerungsstruktur (z.B. Alter, Geschlecht, Haushaltsstruktur, Nationalität etc.), die Bevölkerungsbewegung (z.B. Mobilität, natürliches Bevölkerungs- und Migrationssaldo) sowie die Bevölkerungsgeschichte.[21]

---

[19] Vgl. Schulte, K.-W. (2000), S. 39.
[20] O. V. (2005): Demografie, http://de.wikipedia.org/wiki/Demografie, 20.06.2005.
[21] Vgl. ebenda.

2.4. Ertrag und Rendite

Betriebswirtschaftlich stellt der **Ertrag** eine Mehrung des Unternehmenserfolges durch die Erstellung oder den Verkauf von Gütern dar.[22] Werden vom Rohertrag die Herstellungskosten abgezogen, ergibt sich der Gewinn.[23]

Die **Rendite**, auch Kapitalverzinsung genannt, ist ein Fachbegriff der Finanzmärkte und misst die Verzinsung des eingesetzten Kapitals (Eigen- und Fremdkapital). Sie ergibt sich aus dem Verhältnis des Gewinns zu der getätigten Gesamtinvestition. Damit die Rendite mit unterschiedlichen Anlageformen verschiedener Anlagezeiträume vergleichbar ist, wird sie auf den Zeitraum eines Jahres bezogen (annualisiert) und in der Regel als ein Prozentwert angegeben. Bei einem Bauträger bemisst sich die Rendite auf die Projektlaufzeit.[24]

---

[22] Vgl. o. V. (2005): Ertrag, http://de.wikipedia.org/wiki/Ertrag, 01.08.2005.
[23] Vgl. o. V. (1951): Ertrag, in: Brockhaus GmbH (Hrsg.), Band I, Wiesbaden, S. 329.
[24] Vgl. o. V. (2005): Rendite, http://de.wikipedia.org/wiki/Rendite, 20.06.2005.

3. Zielvorstellung und Risiken eines Bauträgers

3.1. Ziele des Bauträgers

Grundlage für die unternehmerische Betätigung ist die Erwirtschaftung eines möglichst hohen Gewinns auf das eingesetzte Kapital. Bezogen auf den Bauträger, rückt die Gewinnmaximierung und die Steigerung des Unternehmenswertes in den Mittelpunkt des Bauträgergeschäftes. Der Gewinn ergibt sich aus Gegenüberstellung von Kosten und Erlös.[25]

Das Eigenkapital eines Bauträgers reicht in der Regel nicht aus, um ein Wohnbauobjekt ohne Kredit zu realisieren. Somit ist dieser auf Finanzierungsquellen wie Banken angewiesen.[26] Zur Erreichung einer hohen Rendite ist die Ausnutzung des Leverageeffektes[27] ein gängiges Instrument. Ein Bauträger versucht mit möglichst wenig Eigenkapital eine Finanzierung des Wohnbauprojektes zu erreichen. Bei einer Gesamtkapitalrendite von beispielsweise 20 % und einem Eigenkapitaleinsatz von 20 % ergibt sich eine Eigenkapitalrendite von 100 %.

Die Banken fordern im Rahmen der Kreditvergaberichtlinie „Basel II" neben einer ausreichenden Bonität des Kreditnehmers in der Regel eine Mindestrendite von 15 % auf das Gesamtkapital. Erst ab dieser Zielrendite finanzieren Kreditinstitute ein Wohnbauprojekt.

Die Kreditfinanzierung wird durch die Bestandteile Zins und Tilgung gekennzeichnet. Ergeben sich durch Zins und Tilgung eine zu hohe Belastung, so sind das Projekt und die wirtschaftliche Existenz des Kreditnehmers gefährdet. Ein Bauträger beabsichtigt somit, die Zinsbelastung bei einem Wohnbauvorhaben so gering wie möglich zu halten. Deshalb wird ein Verkauf der Eigentumswohnungen bereits während der Projektplanungsphase angestrebt. Da die Kaufpreise für Eigentumswohnungen nach der MaBV (Makler- und Bauträgerverordnung) abschnittsweise fällig werden, können davon die laufenden Projektkosten größtenteils abgedeckt werden (die MaBV ist eine Verordnung über die Pflichten der Makler, Darlehens- und Anlagevermittler, Bauträger und Baubetreuer). Die Zinsbelastung bleibt dadurch sehr gering oder wird nach einem kompletten

---

[25] Vgl. Gutenberg, E. (1975): Die Produktion, 21. Aufl., Berlin/Heidelberg/New York, S. 464 ff; ebenso Wöhe, G. (2000): Einführung in die Allgemeine Betriebswirtschaftslehre, 21. Aufl., München, S.94 ff.

[26] Vgl. Schulte, K.-W. (2000), S. 451.

[27] Leverageeffekt: Unter **Leverageeffekt** wird die Hebelwirkung der Finanzierungskosten des Fremdkapitals auf die Eigenkapitalverzinsung verstanden (o. V. (2005): Leverageeffekt, http://de.wikipedia.org /wiki/Leverageeffekt, 16.08.2005.)

Verkauf der Eigentumswohnungen ganz vermieden. Ein schneller Verkauf der Eigentumswohnungen ermöglicht ebenfalls eine beschleunigte Entschuldung des Gesamtobjektes und reduziert gleichzeitig die monatliche Zinsbelastung.[28]

Der Idealfall ist eingetreten, wenn in der Baubeginnphase alle Eigentumswohnungen verkauft worden sind, die Baugenehmigung vorliegt und die Teilungserklärung im Grundbuch gewahrt ist. In diesem Fall kann aus den ersten nach MaBV durch die Käufer zu zahlenden Raten nicht nur der Grundstückskredit zurückgezahlt werden, sondern es können auch die ersten Baukosten beglichen werden.

Nach § 3 Absatz 2 „Besondere Sicherungspflichten für Bauträger" der MaBV kann der Bauträger in sieben Teilbeträgen den Verkaufspreis beim Käufer fällig stellen. Mit der ersten, bis zu 30 % hohen Rate kann der Grundstückskaufpreis, der in der Regel 20 % der Gesamtkosten ausmacht, vollständig zurückgezahlt werden.[29] Der Bauträger benötigt dann keinen weiteren Kredit, da auch die weiteren Baukosten aus den nach MaBV fällig werdenden Raten der Käufer beglichen werden können. Für die finanzierende Bank ist eine solche Situation eher nachteilig, da sie dann keine Zinsen geltend machen kann. Zum Ausgleich möglichen Nachteils verlangt die Bank daher bei Einräumung eines Kredites eine einmalige höhere Bearbeitungsgebühr.[30]

Je erfolgreicher ein Bauträger seine Geschäfte abwickelt, desto besser wird sein Rating bei den Kreditinstituten ausfallen. Das hat einen direkten Einfluss auf die Finanzierungskosten und erhöht die Gesamtrendite des Bauträgers.

3.2. Risiken von Wohnimmobilieninvestitionen

„Das Risiko ist die mit jeder wirtschaftlichen Tätigkeit verbundene Verlustgefahr, die das eingesetzte Kapital bedroht, sei es durch eine mögliche Gewinnminderung, einen Gewinnentgang oder durch die Möglichkeit der Kapitalminderung und schließlich des völligen Kapitalverlustes."[31] Ein Bauträger trägt grundsätzlich folgende Geschäftsrisi-

---

[28] Vgl. Schulte, K.-W. (2000), S. 452.
[29] Vgl. o. V. (1997): MaBV, http://www.immopilot.de/Lexikon/Immobiliengesetze/MaBV/mabv.html, 23.08.2005.
[30] Vgl. Schulte, K.-W. (2000), S. 452.
[31] Gartner, W. J. (2001): Betriebswirtschaftlehre und Volkswirtschaftslehre, 1. Aufl., München/Wien, S. 59.

ken: Baukosten-, Finanzierungs-, Genehmigungs-, Boden-, Bau-, Zeit- und Vermarktungsrisiken. Im Folgenden findet eine genauere Betrachtung der Risiken statt.[32]

Der Wohnungsbau unterliegt der **Genehmigung** der Bauaufsichtsbehörde. Die Baugenehmigung kann durch Auflagen der Behörde oder durch Einsprüche der an das Grundstück grenzenden Nachbarn so erschwert werden, dass das Objekt nicht mehr rentabel ist. Ebenso können lange Genehmigungsverfahren die Finanzierung gefährden.[33]

Das **Finanzierungsrisiko** bei Objekten mit einem hohen Fremdkapitalanteil wird zu einer wichtigen Unbekannten. Zinsänderungen können einen entscheidenden Einfluss auf die Realisierung und Rentabilität eines Projektes nehmen. Eine Verzögerung während der Projektphase kann zu einer erheblichen Mehrbelastung bei den Finanzierungskosten führen. Daher sollten je nach Projektgröße Zinsen festgeschrieben werden, damit das Bauvorhaben vor Zinserhöhungen geschützt ist. Eine Verzögerung erhöht ebenso das Inflationsrisiko, da möglicherweise die Baukosten steigen und sich dadurch die geplante Rendite reduziert.[34]

Steigende Zinsen verändern das Angebots- und Nachfrageverhalten und haben einen negativen Einfluss auf das Kaufverhalten der Käufer. Bei einem hohen Fremdkapitalanteil sind die Zinskosten ein wesentlicher Belastungsfaktor der laufenden Aufwendungen.[35]

Durch einen unvorhergesehenen Anstieg der Herstellungskosten während der Projektphase können die Projektkosten die gesamten Einnahmen des Bauträgers übersteigen. Dadurch wird das Wohnbauprojekt zu einem Verlustgeschäft und gleichzeitig zu einer Existenzgefahr für den Bauträger, da dieser an Substanz verliert.

Das **Boden- und Baugrundrisiko** wird meist unterschätzt. Vor jedem größeren Bauvorhaben sollten die Bodenverhältnisse auf Belastungen überprüft werden. Beispielsweise muss das Fundament bei erhöhtem Grundwasserstand oder schlechten Bodenverhältnissen verstärkt werden. Des Weiteren können Altlasten, Bomben aus dem Zweiten

---

[32] Vgl. ebenda.

[33] Vgl. ebenda, S. 60 f.

[34] Vgl. Jfr. (2005): Die Inflation überholt die Immobilienrendite, in: Frankfurter Allgemeine Zeitung vom 06/2005, Nr. 126, S. 41.

[35] Vgl. Kühne-Büning, L. (1996): Wohnungswirtschaft und Konjunktur, in: Jenkis, H. (Hrsg.): Kompendium der Wohnungswirtschaft, 3. überarb. u. erweit. Aufl., München, S. 263; ebenso Schäfer, J./Conzen, G. (Hrsg.): Praxishandbuch der Immobilien. Projektentwicklung, München, S. 46.

Weltkrieg oder aber auch Baudenkmäler auf dem Baugrundstück vorkommen, die das Bauvorhaben verzögern und erheblich verteuern können.[36]

Den größten Risikofaktor bei einer Immobilie birgt das **Zeitrisiko**. Wetterverhältnisse, Baugenehmigungsverfahren, Bodenverhältnisse, Altlasten auf dem Grundstück, Bauzeitverzögerungen durch nicht zeitplangerecht arbeitende Firmen oder durch Insolvenzen können die Fertigstellung erheblich verzögern. Dadurch erhöhen sich beispielsweise die Zinskosten und eventuelle Steuervergünstigungen können nicht von dem Käufer im ursprünglich geplanten Fertigstellungsjahr in Anspruch genommen werden.

Das sich **verändernde Marktumfeld** birgt ein schwer zu kalkulierendes Risiko. Die Abwicklung eines Neubauprojektes dauert in der Regel ein bis zwei Jahre. Während dieser Zeit können sich wirtschaftliche Faktoren teilweise erheblich ändern und zu einem Rückgang der Nachfrage führen. Des Weiteren wirken Fehler während des Planungs- und Bauprozesses hinderlich bei der Vermarktung des Objektes. Dies sind insbesondere ein fehlerhaftes Planungskonzept, Nichteinhaltung gesetzlicher Normen, Baumängel oder eine nicht marktkonforme Grundrissgestaltung etc.

Derzeit findet eine Neugestaltung des Marktes statt. Ausländische Investoren drängen auf den deutschen Markt und kaufen – wie in Ziffer 4. „Entwicklung des Wohnungsmarktes" beschrieben – umfangreiche Wohnungsportfolios auf. Dabei birgt die Mieterprivatisierung ein für den Bauträger schwer zu kalkulierendes Risiko. Erworbene Wohnungsbestände werden saniert oder unsaniert in Eigentumswohnungen umgewandelt und preisgünstig an die Mieter verkauft. Daraus resultiert eine direkte Konkurrenz für den Wohnungsneubau und damit auch für den Neubau von Eigentumswohnungen. Andererseits bieten die Neubauobjekte auch viele Vorteile gegenüber der Bestandsimmobilie wie eine zeitgemäße Grundrissgestaltung und Wärmeisolierung oder behindertengerechte Zugangs- und Zufahrtsmöglichkeiten sowie ausreichend Parkplätze. Entscheidend für den Verkaufserfolg einer Immobilie ist jedoch oftmals der Preis.

Unabhängig von den ausländischen Investoren sorgen Bauträgerunternehmen im örtlichen Teilmarkt für Konkurrenz. Der Marktpreis einer Immobilie bildet sich durch Entwicklung von Angebot und Nachfrage sowie in Abhängigkeit von der gesamtwirtschaftlichen Lage. Wenn in einer Region zur gleichen Zeit sehr viele Wohnbauprojekte abge-

---

[36] Vgl. ebenda.

schlossen werden, kann ein Überangebot an Wohnraum erfolgen. Dadurch gerät der Markt unter Druck, so dass die Preise für Wohnimmobilien sinken.[37]

Die Konsequenz aus den vorgenannten Szenarien ist ein verzögerter Verkauf der Immobilie. Da ein Wohnbauprojekt während der Entwicklungsphase nicht einfach abgebrochen werden kann, erhöht sich der Finanzierungsaufwand und belastet die Gesamtrendite des Bauträgers.

Schließlich bildet das **Gesetzänderungsrisiko** eine schwer zu kalkulierende Größe. Tendenziell müssen Bauträger mit zusätzlichen Belastungen rechnen wie insbesondere verschärften Auflagen für den Wärmeschutz. Darüber hinaus sind Bauträger abhängig von den Förderleistungen des Staates. Beispielsweise führt eine mögliche Abschaffung der Eigenheimzulage oder Änderung der staatlich geförderten Kreditprogramme zu einem Rückgang der Nachfrage nach Wohneigentum.[38]

---

[37] Vgl. Gondring, H. (Hrsg.) (2004), S. 45.
[38] Vgl. ebenda, S. 44 ff.

4. Rahmenbedingungen des Wohnimmobilienmarktes in Deutschland

4.1. Nationale Rahmenbedingungen

Der Immobilienmarkt und somit auch das Bauträgergeschäft werden maßgeblich vom wirtschaftlichen Umfeld geprägt. Entscheidend für eine Investition in Eigentumswohnungen ist ein stabiles wirtschaftliches Umfeld, in das die Bevölkerung Vertrauen hat. Eine Betrachtung der wirtschaftlichen Rahmenbedingungen ist daher unerlässlich, um den Zustand Deutschlands und die Entwicklung der einzelnen Regionen nachzuvollziehen.[39]

In Deutschland erfolgte nach einem schwachen Jahr 2003 eine deutliche Erholung der Wirtschaft. Für 2004 gibt das Statistische Bundesamt ein **Wirtschaftswachstum** von 1,6 % nach 0 % im Jahr 2003 an. Die positive Entwicklung sollte sich auch im laufenden Jahr weiter fortsetzen. Jedoch haben nahezu alle Wirtschaftsinstitute und Konjunkturforscher ihre Prognosen für das Jahr 2005 von 1,5 % auf 0,7 % mehr als halbiert.[40] Deutschland befindet sich momentan in einer Schwächephase. In der zweiten Jahreshälfte soll sich nach der Industriegewerkschaft BCE das Wirtschaftswachstum wieder erholen.[41]

Entsprechend der schwachen wirtschaftlichen Erholung hat sich die Situation auf dem **Arbeitsmarkt** weiter zugespitzt. In der ersten Jahreshälfte erreichte die Arbeitslosigkeit mit durchschnittlich 5 Mio. Arbeitlosen ein historisch hohes Niveau. Als Jahresdurchschnitt wird von den Wirtschaftsinstituten eine Arbeitslosenzahl von 4,84 Mio. prognostiziert. Die Erwerbstätigkeit ist im Zeitraum von 2001 bis zum ersten Quartal 2005 von einem Rückgang geprägt worden. So reduzierte sich die Zahl von 39,3 Mio. auf 38,6 Mio.[42]

Durch die ungünstigen Einkommensperspektiven und den fortschreitenden Arbeitsplatzabbau steckt der private Konsum in einer Zwickmühle und scheint nicht in Schwung zu kommen. Dies ist wie bereits in den vergangenen Jahren eine deutliche Schwachstelle der deutschen Konjunktur. Das Baugewerbe baut seit 2002 weiter Stellen

---

39 Vgl. Norddeutsche Landesbank (Hrsg.) (2005): Global Markets. Immobilienmärkte – Einflussfaktoren und Perspektiven, Hannover, S.6.

40 Vgl. o. V. (2005):Wichtige gesamtwirtschaftliche Größen, http://www.destatis.de, 12.08.2005.

41 Vgl. Industriegewerkschaft BCE (Hrsg.) (2005): Die Lage der Weltwirtschaft und der deutschen Wirtschaft im Frühjahr 2005, Hannover, S. 2.

42 Vgl. Industriegewerkschaft BCE (Hrsg.) (2005), S. 4; ebenso o. V. (2005): Registrierte Arbeitslose Deutschland, http://www.destatis.de, 08.06.2005.

ab. So sank die Zahl der Erwerbstätigen in dieser Branche von 2,4 Mio. (2002) auf 2,25 Mio. (2004).[43]

Die **Inlandsnachfrage** hat sich seit 2003 zunehmend abgeschwächt. Für 2005 wird sogar mit einem negativen Konsumeffekt von -0,3 % gerechnet, der sich erst wieder 2006 stabilisieren wird. Dieser negative Effekt ist auch an der Sparquote zu erkennen, die Anfang 2005 mit 10,8 % auf ein sehr hohes Niveau gestiegen ist. Die weiterhin zögerliche Binnennachfrage kann sich aufgrund der anhaltend niedrigen Zinsen dennoch positiv entwickeln.[44] Bei den Verbraucherpreisen wird mit einer stabilen Entwicklung zwischen 1,5 und 1,7 % in diesem und im nächsten Jahr gerechnet.[45]

Aufgrund der geplanten Einsparungen der Politik und der diskutierten Mehrwertsteuererhöhung können von der politischen Seite keine nennenswerten Impulse für das laufende Jahr zur Festigung der Konsumnachfrage gesetzt werden. Der politische „Zick-Zack-Kurs“ mit Steuersenkung auf der einen und weiteren Mehrbelastungen auf der anderen Seite fördert nicht das Vertrauen der Verbraucher. Die Sozialabgaben mit der Pflege- und Arbeitslosenversicherung sowie der gesetzlichen Kranken- und Rentenversicherung sind 2005 mit 41,9 % des Bruttoarbeitentgeltes auf das höchste Niveau seit Einführung der Sozialabgaben gestiegen (1990, 35,5 %).[46]

Bauinvestitionen in Deutschland sind weiter rückläufig. Der prozentuale Rückgang der Investitionen entspannt sich zwar weiter, von einer Trendwende kann jedoch noch nicht gesprochen werden (2002: -2,6 %; 2003: -2,2 %; 2004: -1,4 %).[47] „Die Investitionen im Wohnungsbau sind das wichtigste Standbein der deutschen Bauwirtschaft.“[48]

In den letzten Jahren – insbesondere Ende 2002, Anfang 2003 – sorgte ein Sondereffekt im Wohnungsmarkt, der auf die geplante Abschaffung der **Eigenheimzulage** zurückzuführen ist, für eine Jahresschluss-Konjunktur bei den Baugenehmigungen. Die Eigen-

---

43 Vgl. o. V. (2005): Volkswirtschaftliche Gesamtrechnung. Einwohner und Erwerbstätige, http://www.destatis.de, 09.06.2005.

44 Vgl. Industriegewerkschaft BCE (Hrsg.) (2005), S. 2; ebenso Rubisch, M./Solveen, R. (2005): Deutschland. Konjunkturprognose 2005/2006, https://www.commerzbank.de/research/economic_research/pool/d_eur/prognosen/d_eur_prog_d.pdf, 08.06.2005; ebenso o. V. (2005): Deutschland wächst stärker als USA, http://www.stern.de/wirtschaft/unternehmen/540281.html?nv=nl_hp_rt, 08.06.2005.

45 Vgl. Industriegewerkschaft BCE (Hrsg.) (2005), S. 3.

46 Vgl. Ami. (2005): Niedrigere Beiträge für die Arbeitsagentur, in: Frankfurter Allgemeine Zeitung (Hrsg.) vom 06/2005, Nr. 128, S. 11.

47 Vgl. Industriegewerkschaft BCE (Hrsg.) (2005), S. 3.

48 LBS (Hrsg.) (2005): Markt für Wohnimmobilien, Berlin, S. 17.

heimzulage ist ein staatlich geförderter Zuschuss, der der Schaffung selbstgenutzten Wohneigentums dient. Nach den rückläufigen Zahlen im Jahr 2004 wird auch für das laufende Jahr mit keinem weiteren Genehmigungsboom mehr gerechnet, da die Selbstnutzer ihre Immobilieninvestitionen bereits vorgezogen haben. Die Zahl der Baugenehmigungen für Wohnungen in Deutschland ist 2003 von 297 Tsd. auf 268 Tsd. im Jahr 2004 gefallen, wird jedoch im laufenden Jahr voraussichtlich wieder ansteigen.[49]

Die Entwicklung in Deutschland hinterlässt unterschiedliche Spuren in den einzelnen Bundesländern. Nach dem neuen **Bundesländer-Ranking** der Bertelsmann Stiftung zählt zu den erfolgreichsten Bundesländern Hamburg, dicht gefolgt von Bayern, Baden-Württemberg und Hessen. Dagegen befinden sich Sachen-Anhalt, Brandenburg, Berlin und Mecklenburg-Vorpommern auf den letzten Plätzen. Schwerpunkt der Bewertung waren insbesondere die Arbeitslosenquote sowie das Bruttoinlandsprodukt (BIP) pro Kopf.[50]

4.2. Der deutsche Wohnungsmarkt

4.2.1. Struktur des Wohneigentumsmarktes

Der deutsche **Wohnbaubestand** ist relativ jung. Über 70 % der Wohngebäude wurden nach dem zweiten Weltkrieg erbaut, lediglich 15 % der Gebäude stammen aus der Zeit vor der Weimarer Republik (vor 1918). Fast 50 % der Wohnungen sind in den ersten dreißig Jahren nach Gründung der Bundesrepublik Deutschland entstanden. Somit ist der Anteil alter Wohnbauten in Deutschland sehr gering.[51]

---

49 Vgl. o. V. (2004): Wohnungsbau auf Minusrekord-Kurs, http://www.lbs.de/microsite-presse/lbs-bundesgeschaeftsstelle/archiv-2004/wohnungsbau, 23.06.2005; ebenso o. V. (2005): Baugenehmigungen im Hochbau, http://www.destatis.de, 08.06.2005.

50 Vgl. Hank, R. (2005): Berlin stürzt ab, und Hamburg überragt sie alle, in: Frankfurter Allgemeine Sonntagszeitung vom 06/2005, Nr. 24, S. 43.

51 Vgl. o. V. (2003): Wohneinheiten in Gebäuden mit Wohnraum nach dem Baujahr, http://www.destatis.de, 14.06.2005.

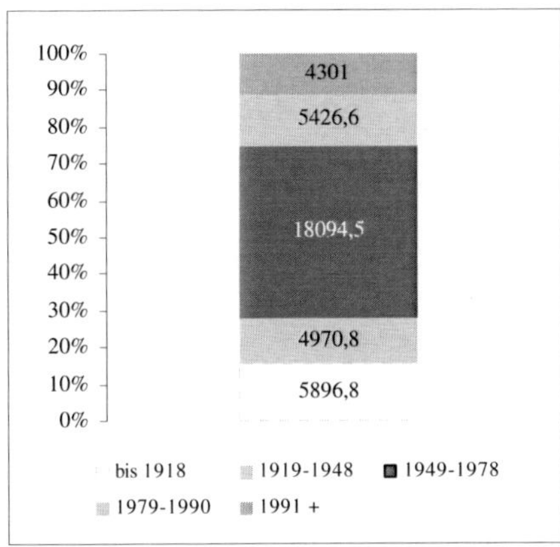

Abbildung 2: Alter der Wohnungsbestände[52]

Das **private Anlagevermögen** in Deutschland wird derzeit auf 8,3 Bill. € geschätzt. Mit 3,8 Bill. € entfallen rund 46 % des Anlagevermögens auf das Immobilienvermögen. Der Großteil davon, 3,4 Bill. €, wird in selbst genutzte oder vermietete Immobilien angelegt. Der weitaus kleinere Differenzbetrag wird den gewerblich genutzten Immobilien zugeordnet.[53]

Das privat genutzte oder vermietete Immobilienvermögen entspricht rund dem Anderthalbfachen des Bruttoinlandproduktes von Deutschland.[54] Die große Bedeutung der Wohnimmobilie spiegelt sich ebenso im Vermögen der privaten Haushalte wider. Wohnimmobilien haben demnach einen Anteil von 42,6 % (2003) am Bruttovermögen der Haushalte, was europaweit betrachtet jedoch einem der niedrigsten Werte entspricht.[55] Dennoch macht dies den Wohnimmobilienmarkt Deutschland zu einem bedeutenden gesamtwirtschaftlichen Faktor. Das Geldvermögen entspricht mit 40 % des Bruttovermögens in etwa dem Immobilienvermögen. Der weitaus geringere Anteil entfällt mit 10 % auf das Gebrauchsvermögen sowie mit 8 % auf das Sachanlagevermögen.

Der relativ geringe Eigentumsanteil an Wohnimmobilien enthält enorme Perspektiven insbesondere für die Eigentumswohnung. Deutschland hat hier im internationalen Vergleich großen Nachholbedarf.

---

[52] Eigene Darstellung in Anlehnung an (o. V. (2003): Wohneinheiten in Gebäuden mit Wohnraum nach dem Baujahr, 14.06.2005).

[53] Vgl. GdW (Hrsg.) (2004): GdW Branchenberichte August 2004. Mietwohnungen in Deutschland – ein attraktives und wertbeständiges Marktsegment, Berlin, S. 12.

[54] Vgl. Norddeutsche Landesbank (Hrsg.) (2005), S. 22.

[55] Vgl. Just, T./Reuther, S. (2005): Aktuelle Themen, in: Deutsche Bank Research, Frankfurt a. M., S. 3; ebenso o. V. (2003): Bewohnte Wohneinheiten in Wohngebäuden nach Art der Nutzung, http://www.destatis.de, 23.06.2005.

Der deutsche Wohnimmobilienmarkt umfasste 2002 38,7 Mio. **Wohneinheiten**, was in etwa der Anzahl der gesamtdeutschen Haushalte (39 Mio.) entspricht. Auf den süddeutschen Raum (Bayern und Baden-Württemberg) entfallen in etwa 10,6 Mio. Wohneinheiten. In der Bundesrepublik verfügten 2002 überwiegend Selbstnutzer über rund 39,1 % der Wohnungsbestände sowie private Kleinvermieter über rund 35,6 %. Die restlichen 25,2 % befinden sich im Eigentum professioneller gewerblicher Vermieter.[56] Das selbstgenutzte Wohneigentum in Bayern und Baden-Württemberg liegt mit 49,3 % (2002) bzw. 48,9 % (2002) deutlich über dem bundesweiten Durchschnitt. Kennzeichnend für den deutschen Markt ist der hohe Anteil an Wohnungen, die zur Miete bewohnt werden (60,9 % im Jahr 2002).[57]

2004 wurden Bruttoanlageinvestitionen von rund 379 Mrd. € getätigt. Die **Bauinvestitionen** betrugen 206 Mrd. €, wovon etwa 120 Mrd. € auf Wohnbauinvestitionen entfielen.[58] Verwendet wurden die Investitionen zu etwas mehr als einem Drittel für den Kauf von gebrauchten Häusern und Wohnungen sowie Modernisierungen. 25 % der Investitionen entfielen auf den Neubau und 4 % wurden für den Erwerb von Bauland ausgegeben.[59]

Seit 2003 ist der **Immobilienumsatz** in Deutschland rückläufig. Nach den aktuellsten Marktdaten und Hochrechnungen ist der Umsatz um 2,7 % von 124,8 Mrd. € in 2003 auf 121,4 Mrd. € in 2004 zurückgegangen.[60] Im Jahre 2003 entfielen 32 % des Transaktionsvolumens auf Ein- und Zweifamilienhäuser sowie 21 % auf Eigentumswohnungen.[61]

Selbstnutzer und private Kleinanleger zeichnen sich im Gegensatz zu den gewerblichen Anbietern durch ihre geringe Verkaufsneigung aus. Die gewerblichen Anbieter verursa-

---

[56] Vgl. Freitag, L. (2004): Mietwohnungen in Deutschland – ein attraktives und wertbeständiges Marktsegment, http://www.gdw.de/db/presse.nsf/B68B44F5FD0A52FBC1256F1D002B4AAE/$file/Präsen tation %20Branchenbericht%20PM.pdf?OpenElement, 27.06.2005.

[57] Vgl. o. V. (2003): Bewohnte Wohneinheiten in Wohngebäuden nach Art der Nutzung, 23.06.2005.

[58] Vgl. o. V. (2005): Bruttoanlageinvestitionen nach Gütern, http://www.destatis.de, 07.06.2005.

[59] Vgl. LBS (Hrsg.) (2005), S. 32.

[60] Vgl. o. V. (2004): Immobilienumsatz 1998 bis 2004 in Mio. Euro, http://www.eradeutschland.de/data/Immobilienumsatz_H104_zeitreihe.pdf, 23.06.2005.

[61] Vgl. Sal. Oppenheim (Hrsg.) (2003): Perspektiven für Investitionen in deutschen Wohnimmobilien, Köln, S. 8.

chen trotz ihres geringen Anteils am Gesamtwohnungsbestand die mit Abstand größten Immobilientransaktionen.[62]

Der Markt der Wohnimmobilie befindet sich in einem fundamentalen Strukturwandel. Zunehmend mehr Unternehmen – insbesondere Industrieunternehmen und institutionelle Anleger – trennen sich von ihren großen Wohnungsbeständen. Die Gründe sind vielseitig; sie reichen von bilanziellen Aspekten, wie der Hebung von stillen Reserven bis hin zur Umstrukturierung der Vermögensbestände in rentablere Investitionen.[63]

Für institutionelle Anleger wie Immobilienfonds und Versicherungen ist die Problematik der demografischen Entwicklung sowie das niedrige Verzinsungsniveau ein wesentliches Argument, sich aus dem Wohnungsmarkt zurückzuziehen. Gleichzeitig drängen ausländische Investoren auf den deutschen Wohnungsmarkt und kaufen große Wohnungsbestände. Mit ihren Organisationsstrukturen und professionellem Management versprechen sie sich in Deutschland attraktive Renditen, zumal die Wohnungsbestände in großem Volumen und damit relativ preiswert erworben werden können.[64]

Neben den institutionellen Anlegern trennen sich zunehmend mehr und mehr Kommunen und Gebietskörperschaften von ihren Wohnungsbeständen. Grund hierfür sind die leeren öffentlichen Kassen, die sie zu diesem Schritt veranlassen.

Dagegen werden sich die privaten Haushalte zunehmend von einem Mieterhaushalt zu einem Eigentümerhaushalt wandeln, da der Verkauf gebrauchter Wohnungen an Mieter forciert wird. Dies ist u.a. ein politischer Wunsch, der dementsprechend gefördert wird.

4.2.2. Marktentwicklung

Der **Wohnungsmarkt in Deutschland** hat sich für Bauträger seit Ende der 90er-Jahre deutlich verschlechtert. Erstmals seit Jahrzehnten ist die Nachfrageseite nach Wohnraum kleiner als das Angebot. Die derzeitige Entwicklung zeigt eine deutliche Verschiebung von einem Nachfrage- zu einem Anbietermarkt.

---

[62] Vgl. Innova (Hrsg.) (2003): Innovation. Der westdeutsche Wohnungsmarkt ist in Bewegung, Essen, S. 3; ebenso Norddeutsche Landesbank (Hrsg.) (2005), S. 7.

[63] Vgl. Sal. Oppenheim (Hrsg.) (2003), S. 9 f.

[64] Vgl. ebenda.

Für den ostdeutschen Wohnungsmarkt ist ein deutlicher Angebotsüberhang kennzeichnend. Mittlerweile sind solche Tendenzen ebenfalls in westdeutschen Regionen zu erkennen, die sich in den kommenden Jahren weiter verstärken werden. Die Folge ist ein enormer Anstieg der Leerstandquoten und in diesem Zusammenhang eine Reduzierung der Preise bei Neubaueigentumswohnungen. Soweit eine hohe Leerstandquote vorhanden ist, verschlechtert dies das Bauträgergeschäft mit Eigentumswohnungen.[65]

Auffallend ist die deutliche Reduzierung der Bautätigkeiten in den letzten Jahren. Die allgemeinen Bauinvestitionen gingen seit 2002 sukzessive zurück (in Ziffer 4.2 werden die Investitionen weiter erläutert). Bei Wohnbauten ist der Rückgang der Investitionen sehr viel schwächer (seit 2003 stagnieren sie bei etwa 120 Mrd. €).[66]

Wie sich derzeit abzeichnet, wird die demografische Entwicklung in Deutschland zu einer gravierenden Verschlechterung führen. Das Land hat eine stark alternde Bevölkerung und eine sehr geringe Geburtenrate (1,4 Kinder pro Frau)[67]. Die Zahl der Bevölkerung in Deutschland ist zwar momentan konstant bei gleichzeitig wachsenden Haushaltszahlen, was sich jedoch in absehbarer Zeit deutlich ändern wird. Vorraussetzung für eine gleichbleibende Bevölkerung ist eine Geburtenrate von mindestens zwei Kindern pro Frau. Nur durch Zuwanderung und eine Erhöhung der Lebenserwartung kann ein Bevölkerungsrückgang ausgeglichen werden.[68]

Diese Entwicklung hat einen direkten Einfluss auf die Nachfragedynamik bei Immobilien. Erste Auswirkungen sind bereits bei der jüngeren Bevölkerung zu verzeichnen, da die Nachfrage rückläufig ist. Regional betrachtet wird sich nicht nur die Nachfrageentwicklung zwischen Ost- und Westdeutschland, sondern auch zwischen Nord- und Süddeutschland sowie Stadt und Umland bzw. Ballungsgebiet und ländlichem Raum verschieben.[69]

---

65 Vgl. GdW (Hrsg.) (2003): GdW Oktober 2003. Wohnungswirtschaftliche Daten und Trends 2003/2004, 1. Aufl., Berlin, S. 15.

66 Vgl. o. V. (2005): Bruttoanlageinvestitionen nach Güterarten, http://www.destatis.de, 14.06.2005.

67 Vgl. Hörbst, G. (2005): Deutschland soll kinderfreundlicher werden, http://www.abendblatt.de/daten/2005/04/18/422854.html, 16.08.2005.

68 Vgl. Sailer, E. (2005): Zukunftstrends, in: Bach, H./Ottmann, M./Sailer, E./Unterreiner, P. (Hrsg.): Immobilienmarkt und Immobilienmanagement. Entscheidungsgrundlagen für die Immobilienwirtschaft, München, S. 78; ebenso Bremer, C. (2004): Ganz Deutschland ein Seniorenheim?, http://www.arl-net.de/news/jw_Bremer.pdf, 01.08.2005.

69 Vgl. GdW (Hrsg.) (2003), S. 15.

Wohnungsangebot und -nachfrage entwickeln sich in den verschiedenen Regionen Westdeutschlands sehr unterschiedlich. Nicht alle Teilmärkte sind gleichermaßen von einem Angebotsüberhang betroffen. In einigen Marktsegmenten herrscht eine Wohnungsknappheit bzw. ein Nachfrageüberhang. Gegenüber den schrumpfenden Regionalmärkten profitieren insbesondere dynamische Ballungszentren von der derzeitigen Entwicklung des Wohnungsmarktes. Wohnungsmärkte in wachsenden Regionen zeichnen ein völlig anderes Bild als strukturell benachteiligte Gebiete.

Wachsende Wohnungsmärkte in dynamischen Regionen wie etwa Hamburg, Frankfurt/Main oder München sind kein Indiz dafür, dass sich eine Trendwende in Gebieten mit einem schwachen Wohnungsmarkt ausbildet. Tatsächlich zeigt sich eher eine Verlagerung der Nachfrage von wirtschaftlich schwachen Regionen, deren Markt durch Stagnation und Schrumpfung geprägt ist, in dynamische Regionen, da dort ein Zuzug der Bevölkerung stattfindet.[70]

4.3. Wohnbaulandmarkt

Der deutsche **Wohnbaulandmarkt** war von 1999 bis 2002 von starken Umsatzrückgängen gekennzeichnet. Seit 2003 schien zunächst eine Trendwende erfolgt zu sein. Der Umsatz stieg sprungartig um 39 % von 4,9 Mrd. € auf 6,8 Mrd. € an. Für das Jahr 2004 deuten vorläufige Zahlen auf einen Umsatzrückgang auf 5 Mrd. € hin.[71]

Der Durchschnittspreis für den Quadratmeter baureifen Wohnungslandes ist in Deutschland seit 2001 stark gestiegen. Er erhöhte sich seitdem von 75 €/m² auf etwa 102 €/m² (2004). Im Gegensatz zu den sich abschwächenden **Baulandpreisen** in den neuen Ländern zeigt sich jedoch in den alten Bundesländern ein Preisauftrieb. Die Preise erhöhten sich in diesen Gebieten im gleichen Zeitraum von rund 89 €/m² auf etwa 123 €/m².[72]

---

[70] Vgl. ebenda, S. 16.

[71] Vgl. Statistisches Bundesamt (Hrsg.) (2004): Kaufwerte für Bauland, Fachserie 17, Reihe 5, 2003, Wiesbaden, S. 14; ebenso Statistisches Bundesamt (Hrsg.) (2005): Kaufwerte für Bauland, Fachserie 17, Reihe 5, 1.Vj. bis 4.Vj. 2004, o. O., S. 16.

[72] Vgl. Statistisches Bundesamt (Hrsg.) (2005): Kaufwerte für Bauland, S. 4 ff; ebenso o. V. (2005): Immobilienmarkt in Hamburg stabil, http://www.lbs.de/hamburg/die-lbs/presse/regionale-presse meldungen/immobilienmarkt-2005-03?layout=printpopup, 21.06.2005.

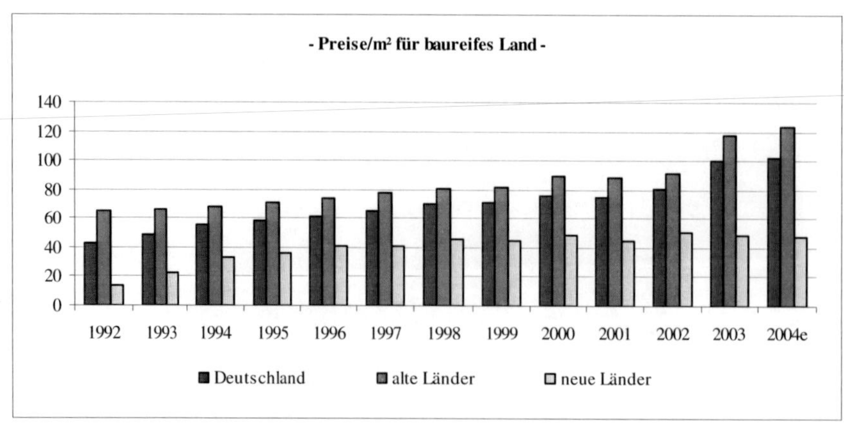

Abbildung 3: Kaufpreise für Wohnungsbauland in Deutschland[73]

Die Bundesländer Bayern und Baden-Württemberg führen die Spitze der Baulandpreise in Deutschland von Gemeinden unter 2.000 Einwohnern bis zu Gemeinden über 500.000 Einwohnern an. Hamburg bildet hier eine Ausnahme mit durchschnittlichen Baulandpreisen von 250 € (2004). Bayern kommt auf 223 €/m² und Baden-Württemberg auf 170 €/m². Im Vergleich dazu werden in Sachsen-Anhalt mit nur 35 €/m² die niedrigsten Baulandpreise im gesamten Bundesgebietes erzielt.[74]

Der durchschnittliche Kaufpreis baureifen Landes in Wohngebieten beträgt in Bayern 204 €/m² und in Baden-Württemberg 199 €/m². Der bundesdeutsche Durchschnitt liegt mit 116 €/m² deutlich darunter.

Den größten **Umsatzanteil baureifen Landes** in Deutschland haben 2004 mit 88 % die Wohngebiete vor den gewerblichen Gebieten (10%; 2% entfielen auf Industriegebiete). Dies entspricht einem Umsatz von rund 4,4 Mrd. €. Im Gegensatz zu Baden-Württemberg und Bayern, die mit jeweils 90 % Umsatzanteil an Wohngebieten über dem Bundesdurchschnitt liegen (Baden-Württemberg: 0,7 Mrd. €; Bayern: 1,5 Mio. €).[75]

Die Umsätze in den westdeutschen Wohngebieten verteilen sich folgendermaßen: 11 % Mehrfamilienhäuser, 12 % Wohnbauland, 33 % Eigentumswohnungen und 45 % Ein- und Zweifamilienhäuser.[76]

---

[73] Eigene Darstellung in Anlehnung an (Statistisches Bundesamt (Hrsg.) (2005): Kaufwerte für Bauland, S. 22 ff).

[74] Vgl. Schäfers, M. (2005): Baureifes Land ist so teuer wie nie zuvor, in: Frankfurter Allgemeinen Zeitung vom 08/2005, Nr. 180, S.11; ebenso Statistisches Bundesamt (Hrsg.) (2005): Kaufwerte für Bauland, S. 4 ff, ebenso o. V. (2005): Immobilienmarkt in Hamburg stabil, 21.06.2005.

[75] Vgl. Statistisches Bundesamt (Hrsg.) (2005): Fachserie 17, Reihe 5, 1.Vj. bis 4.Vj. 2004, S. 16.

[76] Vgl. GEWOS (Hrsg.) (2004): Immobilienmarkt Deutschland, Hamburg, o. S.

In Städten mit mehr als 200.000 Einwohnern hat der Geschosswohnungsbau mit Eigentumswohnungen einen Anteil am Baulandumsatz von etwa einem Viertel, allerdings entfällt der weitaus größere Teil auf die Ein- und Zweifamilienhäuser. In den kleinstädtischen und ländlichen Regionen mit weniger als 200.000 Einwohnern verliert der Geschosswohnungsbau zunehmend an Bedeutung bzw. ist nahezu unbedeutend.[77]

Wie bereits dargestellt, hat das Stadt-Umland-Gefüge großen Einfluss auf den Wohneigentumsmarkt. Die Bedeutung der Eigentumswohnungen steigt bei zunehmender städtebaulicher Verdichtung an, wohingegen sich der Umsatzanteil der Ein- und Zweifamilienhäuser reduziert. Der Umsatzanteil von Eigentumswohnungen in Städten von über 200.000 Einwohnern beträgt rund 70 %. Dies bedeutet, dass der Umsatzanteil von Eigentumswohnungen dort sehr hoch und der Anteil am Baulandumsatz sehr gering ist.

4.4. Preisentwicklung von Wohnimmobilien

Die **Preisentwicklung** für Wohneigentum wird maßgeblich von drei Variablen beeinflusst. Der Zusammenhang von Bruttoinlandsprodukt pro Kopf einer Region und den Immobilienpreisen gibt Auskunft über die Preisentwicklung. Je höher das Bruttoinlandsprodukt pro Kopf ist, desto höher sind tendenziell die Preise von Wohneigentum. Außerdem wirkt ein Bevölkerungswachstum preissteigernd. Darüber hinaus beeinflussen neben der Lage zahlreiche ökonomische, politische und demografische Faktoren die Preisbildung von Wohneigentum. Nach Ansicht der Deutschen Bank Research sinken in Gegenden mit einem größeren Bevölkerungsanteil der über 60-Jährigen die Immobilienumsätze und in diesem Zusammenhang auch die Preise. Eine deutliche Erhöhung des Wohnungsangebotes führt ebenfalls zu fallenden Immobilienpreisen. Dies wird zum einen durch eine stark anwachsende Konkurrenz begünstigt, die Mehrfamilienhäuser in Eigentumswohnungen umwandelt.[78]

---

[77] Vgl. Statistisches Bundesamt (Hrsg.) (2005): Fachserie 17, Reihe 5, 1.Vj. bis 4.Vj. 2004, S. 16.
[78] Vgl. Just, T./Reuther, S. (2005), S. 17.

	Deutschland-West				Deutschland Gesamt				
	Absolutwerte		Veränderungsraten		Absolutwerte		Veränderungsraten		
	1975	1990	1975 - 1990		1975	1990	1975 - 1990		2003-2004
	€ pro m²		insg.	p.a.	€ pro m²		insg.	p.a.	
Eigentumswohnungen	1.340	2.082	55,4%	3,0%	2.025	2.171	7,2%	0,5%	-0,4%
Reihenhäuser (€)	131.310	220.539	68,0%	3,5%	205.278	236.051	15,0%	1,0%	-1,3%
Eigenheim-Grundstücke	110	254	130,4%	5,7%	152	203	34,0%	2,1%	-0,2%
Immobilienindex Gesamt			**84,6%**	**4,1%**			**18,7%**	**1,2%**	**-0,6%**

Tabelle 1: Preise von Wohnimmobilien in Deutschland[79]

Aufgrund der zurzeit günstigen Finanzierungsmöglichkeiten herrschen für Wohnbauinvestitionen auch weiterhin attraktive **Finanzierungsbedingungen**. Seit Anfang 2003 sind die Hypothekenzinsen weiter gefallen. Nach der Deutschen Bank Bauspar AG liegt der Effektivzinssatz auf Wohnungsgrundstücke für eine fünfjährige Zinsfestschreibung derzeit bei 4,05 %[80] sowie für ein zehnjährige Zinsfestschreibung bei 4,71 %.[81]

Die Zinsen für den Wohnungsbau haben ein historisch niedriges Niveau erreicht. Dies begünstigt zum einen die Bauvorhaben der Bauträger sowie die Finanzierungskonditionen der Privatinvestoren. Vor dem Hintergrund der gesamtwirtschaftlichen Lage ist derzeit jedoch nicht mit einem dynamischen Anstieg der Bauinvestitionen zu rechnen.[82]

4.5. Einflüsse durch Gesetze und Steuerrecht auf den Wohnungsmarkt

In Deutschland ist es eine lange Tradition, politisch auf den Wohnungsmarkt Einfluss zu nehmen. In der Regel dienen staatliche Eingriffe zur Umsetzung sozialpolitischer Maßnahmen. Der Staat greift dadurch erheblich in den Wohnungsmarkt ein und beeinflusst das Renditepotenzial von Wohnbauten in großem Umfang.[83]

Die Wurzeln des staatlichen Eingriffs finden sich nach dem Ende des Zweiten Weltkrieges, als Deutschland in relativ kurzer Zeit eine große Zahl an Wohnungen benötigte. Aus diesem Grund wurde der Wohnungsbau durch direkte und indirekte staatliche Subventionen mit dem Ziel gefördert, preiswerten Wohnraum für die breiten Bevölkerungsschichten zu schaffen. Diese Maßnahmen wirken bis heute in viele Bereiche der Ge-

---

79 Eigene Darstellung in Anlehnung an (Bulwien Gesa AG (Hrsg.) (2005): Immobilienindex 1975 bis 2004, München, S. 2).

80 Vgl. Anhang 1: Entwicklung der Hypothekenzinsen 1994 bis 2005, S. 72.

81 Vgl. o. V. (2005): Die Zinslandschaft, https://www.deutsche-bank-bauspar.de/main.jsp?/de/bausparpool/p0111_zinslandschaft.jsp, 22.05.2005.

82 Vgl. GdW (Hrsg.) (2003), S. 19.

83 Vgl. Sal. Oppenheim (Hrsg.) (2003), S. 10.

setzgebung nach. Das Bauträgergeschäft wird im besonderen Maße durch die steuerlichen Gestaltungsmöglichkeiten sowie die Abschreibungsmöglichkeit für den Käufer beeinflusst.

4.5.1. Abschreibung und Subventionen

Nach der Deutschen Bank Research wird die Förderintensität des Staates abnehmen. Der Wohnungsneubau profitiert beispielsweise von der derzeit geltenden degressiven Abschreibungsregelung von 2 % in den ersten zehn Jahren nach Fertigstellung. Bestandsobjekte werden nicht gefördert. Der Staat begünstigt durch eine erhöhte Abschreibung denkmalgeschützte Objekte sowie Wohnimmobilien in Sanierungsgebieten. Die Mehrkosten bei denkmalgeschützten Objekten können nach § 7i EStG mit jeweils 9 % in den ersten acht Jahren ab Fertigstellung und mit bis zu 7 % in den darauf folgenden vier Jahren abgeschrieben werden.[84] Aufwendungen für Anschaffungs- und Herstellungsmaßnahmen sowie Erhaltungsaufwendungen in Sanierungsgebieten können in Höhe von 9 % auf zehn Jahre abgesetzt werden (§ 10f EStG).[85]

Ferner fördert der Staat den Kauf bzw. Neubau von Wohneigentum über die Eigenheimzulage. Die Eigenheimzulage verfolgt insbesondere die Förderung von Schwellenhaushalten. Eine Familie mit zwei Kindern hat Anspruch auf insgesamt 22.800 €, sofern geltende Einkommensgrenzen nicht überschritten werden (1.250 € Eigenheimzulage pro Monat über einen Zeitraum von acht Jahren sowie eine monatliche Förderung pro Kind von 800 €). Die Zulage ist abhängig vom Kaufpreis des Wohneigentums. Darüber hinaus unterstützen Bausparförderungen (wie Wohnungsprämien und Ansparzulagen) sowie diverse KfW-Förderprogramme (wie Wohneigentums-, Modernisierungs- und sonstige ökologisch ausgerichtete Programme) den Erwerb von Eigentum.[86]

4.5.2. Steuerrecht

Das Steuerrecht ist das effektivste Instrument staatlicher Wohnraumpolitik, das Marktgeschehen maßgeblich zu beeinflussen. Dieses Recht wirkt sich direkt auf die Ertragsla-

---

84 Vgl. Just, T./Reuther, S. (2005), S. 12.
85 Vgl. o. V. (2005): Sanierungsgebiet, http://www.sis-verlag.de/Service/ser-abcs.htm, 23.08.2005.
86 Vgl. Just, T./Reuther, S. (2005), S. 12.

ge von Wohnimmobilieninvestitionen aus. Ein Beispiel hierfür sind die zuvor erwähnten Abschreibungsmöglichkeiten. Sie betreffen die Höhe der steuerlichen Abschreibungen sowie die Abgrenzung von Herstell- und Instandhaltungskosten.[87]

Die Höhe der Gesamtinvestitionskosten wird bereits beim Kauf einer Immobilie durch zusätzliche Kosten belastet. Zu den belastenden Faktoren zählen insbesondere die Erwerbsnebenkosten, die rund 5 % des Kaufpreises ausmachen und in der Regel vom Käufer getragen werden müssen. Die Erwerbsnebenkosten setzen sich aus der Grunderwerbssteuer von 3,5 %, den Kosten der notariellen Beurkundung mit ca. 1 % und den Grundbuchkosten von ca. 0,5 % zusammen.[88]

Ein gewerblicher Immobilienhändler, der mehr als drei Objekte innerhalb eines Zeitraums von zehn Jahren veräußert, unterliegt der vollen Steuerpflicht. Dies trifft u.a. beim Bauträger zu, der die Eigentumswohnungen verkauft.[89]

Die Besteuerung der Immobilie entwickelt „(...) sich zunehmend von einem Instrument der Wohnungspolitik zu einem Einnahmebeschaffungsinstrument des Staates."[90]

4.5.3. Gesetzänderungsrisiko

Das Gesetzänderungsrisiko für Bauträger als auch für Privatanleger im Wohnungsmarkt ist aufgrund der verschiedenen bzw. der sich ändernden Ziele der Politik sehr hoch. Das politische Handeln wird erheblich durch wirtschaftliche und konjunkturpolitische Maßnahmen sowie soziale Aspekte wie die Sicherung der Altersvorsorge beeinflusst. In der Vergangenheit hat der Gesetzgeber oftmals kurzfristig die gesetzlichen Rahmenbedingungen geändert, wodurch sich die Kostenrisiken und Ertragschancen für den Wohnungseigentümer verändert haben. Insbesondere das Steuerrecht wirkt sich direkt auf den Reinertrag einer Immobilieninvestition aus.[91]

Das hohe Gesetzänderungsrisiko, das in der Regel direkt ergebniswirksam ist, zeigt beispielsweise die Energieeinsparverordnung. Die Verordnung verlangt Ersatzinvestitionen

---

[87] Vgl. Sal. Oppenheim (Hrsg.) (2003), S.11.

[88] Vgl. Klug, W. (1994): Selbstgenutztes Wohneigentum: Bauen, Kaufen, Finanzieren, in: Brunner, M. (Hrsg.): Geldanlagen mit Immobilien, Wiesbaden, S. 35 f.

[89] Vgl. Sal. Oppenheim (Hrsg.) (2003), S. 11

[90] Sal. Oppenheim (Hrsg.) (2003), S.11.

[91] Vgl. Just, T./Reuther, S. (2005), S. 13.

in die Heizungsanlage bzw. in die Wärmedämmung (der sogenannte Gebäude-Energiepass).[92] Bestandobjekte sind finanziell wesentlich stärker betroffen als Neubauprojekte.

Soweit Abschreibungsmöglichkeiten in den vergangenen Jahren reduziert wurden, hat dies zu einer Steuerbelastung beim Einkommen geführt. Einer der letzten Abschreibungsmöglichkeiten ist die erhöhte Abschreibung in Sanierungsgebieten sowie die höhere Abschreibung bei Neubauten und denkmalgeschützter Objekte.[93]

„Aufgrund der bislang gemachten Erfahrungen mit dem Gesetzgeber ist nicht damit zu rechnen, dass Novellierungen, die den Bereich Wohnungsbau (...) betreffen, zu einer Besserstellung der Wohnimmobilieneigentümer führen könnten".[94] Angesichts der schwierigen Haushaltslage der öffentlichen Hand ist absehbar, dass diverse Förderprogramme und Begünstigungen auf den Prüfstand gestellt werden.[95]

Angesichts der geführten Kapitalismusdebatte in Deutschland werden Investoren auf dem Markt verunsichert, da sie die Konsequenzen nicht genau abschätzen können. Das hat zum einen direkte Auswirkungen auf die Investitionsfreudigkeit und die Höhe des Bauvolumens. Das für Investoren so wichtige Vertrauen in die politischen Rahmenbedingungen hat dadurch Schaden genommen.[96]

4.6. Kreditsicherheitsrichtlinie „Basel II"

Ab dem Jahresbeginn 2007 gilt die neue Kreditsicherheitsrichtlinie „Basel II" verbindlich für alle Kreditinstitute. Durch „Basel II" wird die Eigenkapitalvorschrift der Banken neu gestaltet mit dem Ziel, die Stabilität des internationalen Finanzsystems zu erhöhen. Dazu sollen Risiken im Kreditgeschäft besser erfasst sowie die Eigenkapitalversorgung der Banken an das Risiko angepasst werden.[97]

---

92 Vgl. Mühl, M. (2005): Der Gebäude-Energiepaß kommt später, in: Frankfurter Allgemeine Sonntagszeitung vom 08/2005, Nr. 186, S.13.

93 Vgl. ebenda.

94 Sal. Oppenheim (Hrsg.) (2003), S.12.

95 Vgl. Just, T./Reuther, S. (2005), S. 13.

96 Vgl. o. V. (2005): Baukonjunktur bleibt weit hinter den Erwartungen zurück, http://www.baulinks.de /links/1frame.htm?http%3A//http://www.baulinks.de/links/adr2-immob.htm, 01.07.2005.

97 Vgl. o. V. (2005): Basel II, http://www.dihk.de/inhalt/informationen/news/schwerpunkte/rating/basel.html, 02.08.2005.

Im Basler Ausschuss für Bankenaufsicht wurden im Juli 2002 im Rahmen von „Basel II“ neue Elemente zu Gunsten des Mittelstandes beschlossen. So dürfen Kredite an kleinere bis mittlere Firmenkunden mit einem Gesamtkreditvolumen von weniger als 1 Mio. € in einem Portfolio der Bank zusammengefasst und mit einer geringeren Eigenkapitalsumme als bisher unterlegt werden (EK-Unterlegung von 6 %). Unternehmen mit einem Kreditvolumen von mehr als 1 Mio. € müssen sich einem Ratingverfahren der Banken unterziehen.

Im Vorgriff auf diese Richtlinie haben die Banken ihr hauseigenes Ratingverfahren eingeführt. Dieses Verfahren dient dazu, die Ausfallrisiken bzw. das Kreditrisiko eines Kreditnehmers besser einzuschätzen. Mit Überprüfung der Bonität werden alle wichtigen Unternehmensdaten sowie die wirtschaftliche Situation eines Unternehmens (wie Vermögens- und Kapitalstruktur, Liquiditäts- und Ertragslage, gesamtwirtschaftliche Lage, Marktsituation, Management, Zukunftsorientierung, Produkt etc.) analysiert und in verschiedene Ratingklassen eingeordnet. Je schlechter das Rating, desto höher das Kreditrisiko der Banken.[98]

Mit steigender Ausfallwahrscheinlichkeit verschlechtert sich dementsprechend die Ratingklasse und beeinflusst die Kreditkonditionen negativ. Beispielsweise verbilligen sich Kredite bei einem guten Rating, wohingegen sich Kredite bei einem schlechten Rating verteuern.[99]

Im Folgenden soll ein Beispiel die Auswirkung verschiedener Bonitäten (niedrige, mittlere und hohe Bonität) eines Kreditnehmers mit einem Gesamtkreditvolumen von mehr als 1 Mio. € auf die Kreditkonditionen verdeutlichen:

Nach den Bestimmungen von „Basel I“ müssen bei der Kreditvergabe unabhängig von der Ratingklasse Grundsätzlich 8 % EK beim Kreditinstitut unterlegt werden. Nach den Bestimmungen von „Basel II“ richtet sich die EK-Unterlegung zusätzlich nach der Risikogewichtung.[100]

---

[98] Vgl. o. V. (2005): Rating, http://www.dihk.de/inhalt/informationen/news/schwerpunkte/rating/rating.html, 02.08.2005; ebenso Dresdner Bank (Hrsg.) (2001): Rating: Ein bewährtes Verfahren gewinnt neue Bedeutung, Köln, S. 3 ff.

[99] Dresdner Bank (Hrsg.) (2001), S. 6 ff.

[100] Vgl. Krämer-Eis, H. (2003): Rating - Basel II, http://www.kfw.de/DE/Research/PDF/Loccum_Rating_Basel _II.pdf, 02.08.2005.

Bonität	Kreditvolumen 1 Mio. €			
	Rating nach S&P	Risikogewichtung	EK-Hinterlegung	Betrag (€)
Hoch	AAA	20%	1,6%	16.000
Mittel	BBB	100%	8%	80.000
Niedrig	CCC	150%	12%	120.000

Tabelle 2: EK-Unterlegung nach „Basel II"[101]

Schuldner mit einer schlechten Bonität müssen einen um den so genannten Risikoaufschlag erhöhten Zins bezahlen. Somit werden Kreditnehmer mit einem mittleren bis schlechteren Rating wesentlich mehr belastet als bei der vorherigen Regelung.[102]

Als **Ergebnis** kann festgehalten werden, dass das Bauträgergeschäft erheblich durch das Rating sowohl positiv als auch negativ beeinflusst werden kann. Der Ertrag eines Bauträgergeschäftes ist umso höher, je besser das Rating eines Unternehmens ist, da sich die Zinsbelastungen reduzieren.

Die Hypothekarkredite bei Wohnungsgrundstücken waren 2003 unter den Institutsgruppen wie folgt aufgeteilt: 33 % Sparkassenorganisationen, 21 % Kreditbanken, 15 % Genossenschaftsverbund, 13 % Realkreditinstitute, 9 % Bausparkassen, 6 % Versicherungen, 3 % Kreditinstitute mit Sonderaufgaben.[103]

---

[101] Eigene Darstellung in Anlehnung an (Krämer-Eis (2003): Rating - Basel II, 02.08.2005).
[102] Vgl. o. V. (2004): Rating, http://www.neubrandenburg.ihk.de/basel/rating.html, 02.08.2005.
[103] Vgl. GEWOS (Hrsg.) (2004): Immobilienmarkt Deutschland, o. S.

5. Entwicklung des Wohnungsmarktes

Wie bereits in Ziffer 3.2.1 dargestellt, umfasst der **Wohnungsbestand** in Deutschland 38,7 Mio. Wohneinheiten. Auf Basis der Daten des Statistischen Bundesamtes von 2002 waren 39,1 % der Wohnungsbestände (rund 15 Mio. Wohnungen) im Besitz von Selbstnutzern. Dieser Anteil hat sich bis 2003 auf 42,6 % erhöht, mit einem höheren Anteil von 48,9 % in Bayern und 49,3 % in Baden-Württemberg.[104] Private Kleinanbieter bzw. Amateurvermieter stellten mit 35,6 % (rund 13,8 Mio. Wohnungen) die zweitgrößte Wohnungseigentümergruppe dar. Die dritte große Gruppe, die der professionell-gewerblichen Anbieter mit rund 9,8 Mio. Wohnungen, hat einen Marktanteil von 25,2 %. Die professionellen Anbieter sind insbesondere öffentliche und privatwirtschaftliche Wohnungsunternehmen (3 Mio. WE), kommunale Wohnungsunternehmen (2,7 Mio. WE), Genossenschaften (2,3 Mio. WE), institutionelle Anleger wie Banken, Fonds, Versicherungen etc. (1,6 Mio. WE) und Kirchen (0,1 Mio. WE).[105]

Bezüglich der Besitzstruktur von Wohnimmobilien findet derzeit auf dem Markt eine deutliche Belebung statt. **Ausländische Investoren** kaufen im großen Umfang Portfolios an Bestandobjekten von privaten Unternehmen und der öffentlichen Hand, die sich von diesem Geschäftfeld lösen wollen. Diese Investoren sind in erster Linie private Equity Fonds sowie Immobilienfonds. Davon begünstigt wechselten 2004 rund 300 Tsd. Wohneinheiten ihren Besitzer.[106]

Die ausländischen Investoren verfolgen verschiedene Strategien der Wertoptimierung wie die der Mieterprivatisierung, des aktiven Managements, der Neupositionierung, der Refinanzierung sowie der Immobilienfonds/REITs und Blockverkäufe. Aufgrund der Neugestaltung des Marktes bergen die ausländischen Investoren ein erhebliches Risiko für Bauträger. Zum Teil werden die gekauften Wohnungsbaubestände saniert und als Eigentumswohnungen preisgünstig verkauft. Daraus ergibt sich eine direkte Konkurrenz für den Neubau von Eigentumswohnungen.

Diese Entwicklung birgt für einen Bauträger aber auch Chancen, in ein neues Geschäftsfeld einzusteigen. Der Bauträger kauft eine gebrauchte Immobilie zu einem güns-

---

[104] Vgl. LBS (Hrsg.) (2005), S. 30; ebenso o. V. (2004): Hohes Einkommen: Hohes Wohneigentum, http://www.postbank.de/pbde_ag_home/pbde_pr_presse/pbde_pr_pressearchiv_verteiler/pbde_pr_pressearchiv_2004/pbde_pr_pm0537-28-04-04.html, 27.06.2005.

[105] Vgl. Freitag, L. (2004), 27.06.2005.

[106] Vgl. Just, T./Reuther, S. (2005), S. 24 ff.

tigen Preis und kann nach Aufteilung in Eigentumswohnungen sowie deren Blocksanierung diese Wohnungen wesentlich preisgünstiger verkaufen als eine Neubauwohnung. Dies führt zu einem Preiswettbewerb. Bis zum Verkauf der Wohnungen hat der Bauträger Mieteinnahmen und kann einen Teil der Finanzierungskosten damit abdecken.

Im Folgenden wird tabellarisch kurz dargestellt, welche Strategien nach der Deutschen Bank Research am wahrscheinlichsten von Seiten der ausländischen Investoren verfolgt werden:

Strategien ausländischer Investoren				
	Maßnahmen	**Vorteil/Nachteil**	**Problematiken**	**Wahrscheinlichkeit**
Mieterprivatisierung	Direktverkauf an Mieter	hohe Renditen	begrenzte Marktgröße, zeit- und kostenintensiv, Wert des Restportfolios sinkt	bedingt wahrscheinlich
Aktives Management	Erhöhung der Effizienz	attraktive Rendite	politisch sensibel	wahrscheinlich
Refinanzierung	Fremdkapitalaufnahme	hohe EK-Renditen durch Leverageeffekt	für Zwischeninvestor, kein finaler Ausstieg	bedingt wahrscheinlich
Neupositionierung	Aufwertung von Objekten	Erhöhung der Rendite	Bedarf an höherwertigen Immobilien muss gegeben sein	eher unwahrscheinlich
Blockverkäufe	Verkauf von Teilportfolios	Exitstrategie	Wertschöpfung verlagert sich auf die nächste Stufe, Rendite sinkt	wahrscheinlich
Immobilienfonds/REITs	Gründung von Fonds und AGs	Exitstrategie, attraktive Renditen	hohe Anforderungen an Investoren, wenig Markttiefe	wahrscheinlich

Tabelle 3: Strategien ausländischer Investoren[107]

Die ausländischen Investoren konzentrieren ihre umfangreichen Portfoliokäufe insbesondere auf das Ruhrgebiet, Norddeutschland sowie den Raum Berlin und mieden bislang umfassende Investments im teureren süddeutschen Raum. Das kann sich jedoch ändern.[108]

5.1. Verteilung des Wohnungsmarktes nach Bauherren

Den **Bauherren** von Wohnungsbeständen gehören private Haushalte, Unternehmen, Fonds und öffentliche Einrichtungen an. Private Haushalte gewinnen als Bauherr beim Wohnungsneubau zunehmend an Bedeutung. Ihr Anteil ist von 1997 bis 2003 von 55,2 % auf 71 % gestiegen. Somit kommt den privaten Haushalten eine herausragende Bedeutung zu. Die Wohnungsunternehmen als zweitwichtigste Bauherrengruppe reduzierten ihr Engagement auf dem Wohnungsmarkt und halten einen Anteil von noch 23,8 %. Ebenso verloren die Immobilienfonds sowie die öffentlichen Bauherren an Be-

---

[107] Eigene Darstellung in Anlehnung an (Just, T./Reuther, S. (2005), S. 26 ff).
[108] Vgl. Just, T./Reuther, S. (2005), S. 31.

deutung; ihr Anteil reduzierte sich auf 4,2 % bzw. 0,5 %. Die restlichen 0,5 % entfallen auf sonstige Unternehmen.[109]

Bei genauerer Betrachtung der **Bauvorhaben** fällt eine klare Spezialisierung der verschiedenen Bauherren in den Bereichen des Ein- und Zweifamilien- sowie des Geschosswohnbaus auf. 88 % der privaten Haushalte konzentrieren sich auf den Ein- und Zweifamilienhausbau. Die Unternehmen, insbesondere die Wohnungsbau- und sonstigen Unternehmen, spezialisieren sich mit 57 % ihrer Wohnungsbautätigkeiten auf den Geschosswohnungsbau. Insgesamt wurden davon in Deutschland ca. 70 Tsd. Wohnungen errichtet.[110] Sie bauten mit 47 Tsd. Wohnungen in 2003 die meisten Geschosswohnungen vor den privaten Haushalten mit 20,6 Tsd. Wohnungen. Die öffentlichen Bauherren haben mit nur 0,8 Tsd. Wohnungen einen vernachlässigbar geringen Anteil.[111]

	Wohngebäude	Wohnungen
Wohngebäude insgesamt im Jahr 2003	158.192	236.088
davon:		
Wohngebäude mit 1 Wohnung	131.820	131.820
Wohngebäude mit 2 Wohnung	16.671	33.342
Wohngebäude mit 3 oder mehr Wohnungen	9.577	70.354
davon mit: 3 Wohnungen	*2.443*	*7.329*
4-6 Wohnungen	*3.697*	*18.682*
7-12 Wohnungen	*2.451*	*21.843*
13-19 Wohnungen	*567*	*8.749*
20 und mehr Wohnungen	*419*	*13.751*
darunter:		
Wohngebäude mit Eigentumswohnungen	6.418	40.597

Tabelle 4: Fertiggestellte Wohngebäude und Wohnungen in 2003 [112]

In Ziffer 4.3 „Wohnungsbautätigkeit in Süddeutschland" werden die dort fertig gestellten und genehmigten Eigentumswohnungen weiter untersucht.

5.2. Entwicklung und Struktur der Wohnbauinvestitionen

Die **Bauinvestitionen** in Deutschland sind seit zehn Jahren rückläufig. Die starke Abwärtsdynamik hat in den letzten Jahren zwar abgenommen, die Investitionen verzeichnen jedoch auch weiterhin einen konstanten prozentualen Rückgang von rund 2,5 % jährlich (Bauinvestitionen: 2002 von 216 Mrd. €; 2004 von 206 Mrd. €). Für das Jahr

[109] Vgl. Anhang 2: Anteil der Bauherren am Wohnungsneubau, S. 72.

[110] Vgl. GdW (Hrsg.) (2003), S. 29; ebenso Statistisches Bundesamt (Hrsg.) (2004): Bautätigkeit und Wohnungen, Fachserie 5 Reihe 1, Wiesbaden, S. 21 ff.

[111] Vgl. ebenda.

[112] Vgl. Statistisches Bundesamt (Hrsg.) (2004): Bautätigkeit und Wohnungen, S. 79.

2005 rechnet der Zentralverband des Deutschen Baugewerbes mit einem erneuten Minus von 2,4 %. Damit wird in etwa das Investitionsvolumen von 1995 erreicht. Anders ist dagegen die Entwicklung bei den Wohnbauinvestitionen. Zwar waren diese in den Jahren vor 2003 ebenfalls rückläufig, konnten sich allerdings im Jahr 2004 bei 120 Mrd. € stabilisieren.[113]

Eine dominierende Rolle bei den Bauinvestitionen nehmen mit 58 % die Wohnbauinvestitionen ein. Ihr Anteil ist im Jahr 2004 sogar leicht um 1 % angestiegen. Der Wohnbau unterliegt eigenständigen Zyklen, die größtenteils unabhängig von der allgemeinen Konjunkturentwicklung reagieren und einer eigenständigen Schwankung unterliegen.[114] Bei der Zusammensetzung der Bauinvestitionen ist jedoch zu beachten, dass neben den Investitionen in den Neubau auch Investitionen in Bestandsobjekte wie die Sanierung und Instandhaltung mit in die Berechnung einfließen. In den vergangenen Jahren ist es zu erheblichen strukturellen Veränderungen bezüglich des Verhältnisses von Neubau- und Bestandsinvestitionen gekommen.[115]

Seit 1998 haben die Bestandsinvestitionen kontinuierlich zugenommen und entwickelten sich damit zur tragenden Säule des Wohnungsbaus, während sich die Bedeutung des Neubaus schrittweise verringert hat. Laut Deutschem Institut für Wirtschaftsforschung (DIW) steigerte sich der Anteil der Bestandsinvestitionen an den Wohnbauinvestitionen auf 62 % im Jahr 2002.

Unter den derzeitigen Marktbedingungen werden von den Investoren Investitionen zur qualitativen Aufwertung des Wohnungsbestandes als geeigneter angesehen als Neubauinvestitionen.[116]

Bei einem wieder ansteigenden Bruttoinlandsprodukt ist mittel- bis langfristig mit höheren Wohnbauinvestitionen für das gesamte Bundesgebiet zu rechnen. Außerdem hat

---

[113] Eigene Darstellung in Anlehnung an (o. V. (2005): Baukonjunktur bleibt weit hinter den Erwartungen zurück, 01.07.2005).

[114] Vgl. o. V. (2005): Bruttoanlageinvestitionen nach Güterarten, 14.06.2005.

[115] Vgl. GdW (Hrsg.) (2003), S. 34; ebenso GEWOS (Hrsg.) (2004): Frei finanzierter Mietwohnungsneubau. Endbericht, o. O., S. 3 f.

[116] Vgl. Statistisches Bundesamt (Hrsg.) (2001): Bautätigkeitsstatistik, Fachserie 5 Reihe 1, Wiesbaden, o. S. bis Statistisches Bundesamt (Hrsg.) (2005): Bautätigkeitsstatistik, Fachserie 5 Reihe 1, Wiesbaden, o. S.

Deutschland aufgrund der schwachen Entwicklung der letzten Jahre Nachholpotenzial in der Bauwirtschaft.[117]

Ein weiterer positiver Effekt für den Neubau-Angebotsmarkt lassen sich gemäß einer Untersuchung des Pestel Instituts für die DSL-Bank aus den bis 2030 geplanten Abrissen von Bestandswohnungen ausmachen. Die entstehende Lücke muss wieder durch Neubauinvestitionen geschlossen werden, um der Wohnungsnachfrage gerecht zu werden.[118] Der Bund investiert im Zeitraum von 2002 bis 2009 rund 1 Mrd. € in den Rückbau von Wohnimmobilien.[119]

Vor dem Hintergrund der gesamtwirtschaftlich ungünstigen Rahmenbedingung, der politischen Diskussionen über die Abschaffung der Eigenheimzulage sowie den steuerlichen Verschlechterung für die Bauwirtschaft sind deutlich negative Effekte auf die Entwicklung der Baugenehmigungen und Baufertigstellungen im Wohnungsmarkt zu spüren. Dies zeigt bereits die negative Veränderung des Neubauinvestitionsvolumens.[120]

Der in den späten 90er-Jahren stattgefundene Eigenheimboom ist aufgrund der Sättigung von Nachhol- und Vorzieheffekten der Investitionen in das Eigenheim weiter am Abklingen. Ausgangspunkt des Booms waren unter anderem die festen Förderbeträge durch die **Eigenheimzulage**. Später sorgten die politischen Diskussionen über die Abschaffung der Eigenheimzulage für eine Nachfrage nach Eigenheimen und Eigentumswohnungen.[121]

Seit dem Ende des Eigenheimbooms Anfang 2003 erfolgte insbesondere im Neubau von Ein- und Zweifamilienhäusern ein konstanter Rückgang der Baugenehmigungen für private Haushalte.

Baugenehmigungen für Neubauwohnungen sind seit Jahren rückläufig. Sie erreichten 2002 mit rund 243 Tsd. Wohnungen ein sehr niedriges Niveau. Nach einem Anstieg der Genehmigungen im Jahre 2003 auf 263 Tsd. rechnet die LBS Bausparkasse für 2005 mit einem erneuten Rückgang der Baugenehmigungen bis auf 226 Tsd. ((236 Tsd. Neu-

---

[117] Vgl. GdW (Hrsg.) (2003), S. 37.
[118] Vgl. Höfling, M. (2005): Die Angst vor den eigenen vier Wänden, in: Welt am Sonntag, Finanzen vom 06/2005, Nr. 24, S. 46.
[119] Vgl. GdW (Hrsg.) (2004), S. 45.
[120] Vgl. GdW (Hrsg.) (2003), S. 28.
[121] Vgl. ebenda, S. 30.

bauwohnungen im Jahre 2004e)[122]. Der Schrumpfungsprozess beim Wohnungsneubau setzt seine Tendenz in einer abgeschwächten Form weiter fort. Der deutsche Wohnungsbau steht damit vor schwierigen Jahren, insbesondere wenn sich die steuerlichen Rahmenbedingungen weiter verschlechtern sollten. Nach dem Bundesamt für Bauwesen und Raumordnung hat Deutschland eine mittelfristige Bedarfszahl an zu genehmigenden Wohneinheiten von 350 Tsd. pro Jahr. Bei der derzeitigen Entwicklung ist eine Verknappung des Angebotes zu befürchten.[123]

Eine Neubau- und Bedarfsprognose der LBS geht davon aus, dass mindestens bis zum Jahre 2010 ein Mangel an Wohnungen herrschen und die Nachfrage größer als das derzeitige Neubauangebot sein wird. Daraus entwickelt sich eine akute Knappheit, die einen Anstieg der Preise in absehbarer Zeit zur Folge hat. Des Weiteren sind sich führende Institute darüber einig, dass der Neubau im Wesentlichen von Selbstnutzern getragen wird.[124]

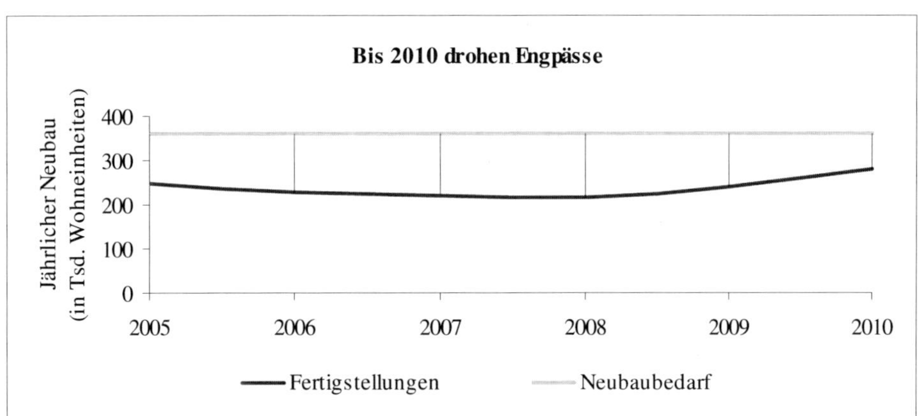

Abbildung 4: Neubau- und Bedarfsprognose für den Wohnungsbau[125]

Nach der Deutschen Bank Research dürfte der Mehrfamilienhausbau insbesondere in den alten Bundesländern in den kommenden Jahren wieder deutlich anziehen.[126]

Wie auch bei den Baugenehmigungen ist die Zahl der **Wohnungsbaufertigstellungen** seit 1997 im Rückgang. Mit 268 Tsd. fertig gestellten Wohnungen im Jahr 2003 wurde das niedrigste Niveau seit 1949 erreicht. Zwar erholte sich dieser Wert im Zuge der Ei-

---

[122] Vgl. Statistisches Bundesamt (Hrsg.) (2005): Bautätigkeit und Wohnungen, Fachserie 5 Reihe 1, Wiesbaden, o. S.

[123] Vgl. o. V. (2004): Wohnungsbau auf Minusrekord-Kurs, 23.06.2005; ebenso o. V. (2005): Baugenehmigungen im Hochbau, http://www.destatis.de, 23.06.2005.

[124] Vgl. o. V. (2005): Neubau- und Bedarfsprognose für den Wohnungsbau, http://www.lbs.de/bayern/die-lbs/presse/lbs-research/wohnungsknappheit, 01.07.2005.

[125] Eigene Darstellung in Anlehnung an (o. V. (2005): Neubau- und Bedarfsprognose für den Wohnungsbau, 01.7.2005).

[126] Vgl. Just, T./Reuther, S. (2005), S. 14.

genheimdiskussion im Jahr 2004 auf 278 Tsd., jedoch zeigt der momentane Trend auf eine weiter rückläufige Entwicklung (2005 werden rund 250 Tsd. Baufertigstellungen erwartet).[127] Bei Betrachtung der Baufertigstellungen bzw. -genehmigungen ist auffällig, dass deutlich mehr Wohnungen hergestellt als genehmigt wurden. Das liegt insbesondere an den sehr niedrigen Fertigstellungszahlen Ende der 90er-Jahre. Erst 2003 stieg die Anzahl der Baugenehmigungen wieder über die der Fertigstellungen.[128]

Die Fertigstellung von Eigentumswohnungen im Neubau verzeichnet einen noch viel drastischeren Rückgang. Sie haben sich innerhalb von drei Jahren zwischen 2000 und 2003 von rund 78 Tsd. auf 41 Tsd. Eigentumswohnungen nahezu halbiert. Erst im Jahr 2004 tritt eine Stabilisierung der Baufertigstellungen mit 41,5 Tsd. sowie 40 Tsd. Baugenehmigungen ein.[129]

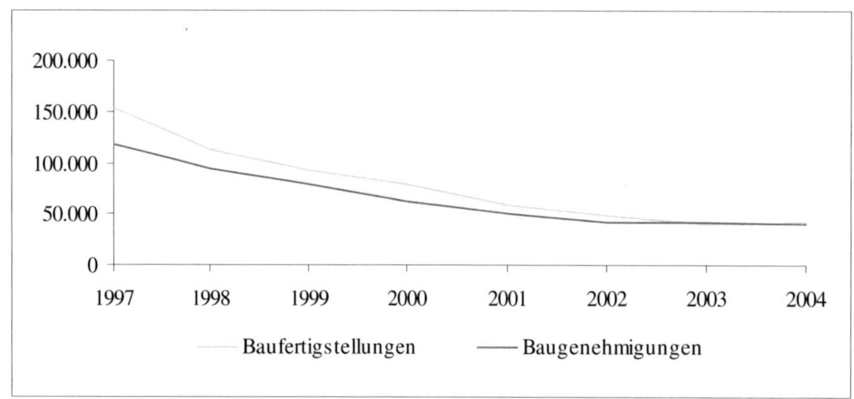

Abbildung 5: Baugenehmigungen und Baufertigstellungen von Eigentumswohnungen in Deutschland[130]

5.3. Wohnungsbautätigkeit in Bayern und Süddeutschland

Die Investitionsentwicklung in den beiden südlichen Bundesländern, Bayern und Baden-Württemberg ist entgegen dem gesamtdeutschen Trend leicht positiv. So stiegen die Investitionen in Neubauten in Bayern und Baden-Württemberg um 5 % bzw. um 9 % im Zeitraum von 2001 bis 2004^{e} (Investitionen 2004^{e}: Bayern 8,5 Mrd. €; Baden-

---

[127] Vgl. LBS (Hrsg.) (2005), S. 12; ebenso Statistisches Bundesamt (Hrsg.) (2004): Bautätigkeit und Wohnungen, S. 12.

[128] Vgl. Anhang 3: Baugenehmigungen vs. Baufertigstellungen, S. 73.

[129] Vgl. Statistisches Bundesamt (2004): Bautätigkeit und Wohnungen, S. 12.

[130] Eigene Darstellung in Anlehnung an (Statistisches Bundesamt (2005): Genehmigte Wohnungen (Neubau), Fertiggestellte Wohnungen (Neubau), 1 F-NB-F, N, D, o. O., S. 4 u. S. 99).

Württemberg: 5,2 Mrd. €). Die gesamtdeutschen Neubauinvestitionen betrugen 2004^e 34 Mrd. € und sind damit um 4 % zu 2001 zurückgegangen.[131]

Aufgrund dieser gegensätzlichen Entwicklungen ist der prozentuale Anteil beider Bundesländer an den gesamtdeutschen Neubauinvestitionen sukzessive von 36 % auf 40 % gestiegen.

Ein Indiz für steigende Wohnbauinvestitionen ist der Mietmarkt von Wohnungen. Bei Betrachtung von Angebot und Nachfrage kann im Durchschnitt in Süddeutschland ein steigendes Mietniveau festgestellt werden. Dies deutet auf eine zunehmende Knappheit von Wohnungen insbesondere in den Ballungsräumen hin. Steigende Mieten machen schließlich die „eigenen" vier Wände wieder attraktiver, was den Bau von Eigentumswohnungen begünstigt.[132]

In Bayern und Baden-Württemberg liegt die Anzahl der genehmigten Neubauten bei 55 Tsd. bzw. 36 Tsd. Somit haben sie einen Anteil von rund 34 % der Neubaugenehmigungen Deutschlands. In beiden Ländern ist der Anteil der Eigentumswohnungen etwa gleich hoch (Bayern: 10,8 Tsd; Baden-Württemberg: 9,7 Tsd.). Damit wurden im Jahr 2003 nahezu 50 % der gesamtdeutschen Eigentumswohnungen in den beiden Bundesländern errichtet.[133]

Bei Betrachtung der fertig gestellten Neubauwohnungen der beiden Bundesländer Baden-Württemberg und Bayern fällt der hohe Anteil von 32,5 % an den gesamtdeutschen Neubauwohnungen auf. In Bayern wurden 2003 51 Tsd. Wohnungen und in Baden-Württemberg 35 Tsd. Wohnungen fertig gestellt.

Deutschlandweit wurden 2004 40,6 Tsd. Eigentumswohnungen hergestellt und davon alleine 11 Tsd. in Bayern und etwa 10 Tsd. in Baden-Württemberg. Die Anzahl der fertig gestellten Eigentumswohnungen verzeichnet derzeit in Baden-Württemberg und in Bayern eine leicht steigende Tendenz. So stiegen die Neubautätigkeiten in Baden-Württemberg im Jahre 2002 von 9,2 Tsd. auf 10,2 Tsd. Eigentumswohnungen im Jahr

---

[131] Vgl. Statistisches Bundesamt (Hrsg.) (2001): Bautätigkeitsstatistik, o. S. bis Statistisches Bundesamt (Hrsg.) (2005): Bautätigkeitsstatistik, o. S.

[132] Vgl. Harriehausen, C. (2005): Auf dem Weg zu einer neuen Immobilienphilosophie, in: Frankfurter Allgemeine Sonntagszeitung vom 04/2005, Nr. 16, S. 15.

[133] Vgl. Statistisches Bundesamt (Hrsg.) (2004): Bautätigkeit und Wohnungen, S. 15.

2004[e] sowie in Bayern von 10,6 Tsd. auf 11,5 Tsd.[134] Zusammenfassend kann festgestellt werden, dass die Eigentumswohnung in den südlichen Bundesländern einen sehr hohen Stellenwert hat und sich dort in einem Wachstumsmarkt befindet.[135]

Die Entwicklung der Ein- und Zweifamilienhäuser gegenüber dem Geschosswohnungsbau in Deutschland zeigt deutlich eine klare Verschiebung zugunsten der Ein- und Zweifamilienhäuser. Der Geschosswohnungsbau nahm im Zeitraum von 1997 bis 2003 um 75 % ab, wohingegen der Rückgang bei den Ein- und Zweifamilienhäuser mit nur 22 % eher gering ausfällt. Der Rückgang bei der Errichtung neuer Wohnungen in Deutschland betrug im gleichen Zeitraum in etwa 53 %.[136]

Für das laufende Jahr ist mit einer weiteren Abschwächung der Bautätigkeiten sowohl im Ein- und Zweifamilienhausbau als auch im Geschosswohnungsbau zu rechnen.[137]

Grundsätzlich waren ebenfalls in den beiden südlichen Bundesländern ähnliche Tendenzen wie im gesamtdeutschen Raum zu verzeichnen. Entwicklungen seit 2002 zeigen jedoch eine Trendwende im Geschosswohnungsbau. Seit 2002 nahm der Neubau bis 2004[e] in Bayern um etwa 8 % von 16 Tsd. auf 17 Tsd. Geschosswohnungen zu, in Baden-Württemberg stiegen die Neubautätigkeiten sogar um 17 %. Sie erhöhten sich von 10,6 Tsd. auf rund 13,4 Tsd. im gleichen Betrachtungszeitraum. Bei den Gebäuden mit einer oder zwei Wohnungen kann jedoch noch keine Trendwende festgestellt werden.[138]

Der gängigste Haustyp ist sowohl bei den Gebäuden mit einer oder zwei Wohnungen als auch bei den Gebäuden mit mehr als drei Wohnungen das freistehende Haus. Der Anteil dieses Haustyps beträgt 63 %. Zum Vergleich haben Doppelhaus und Reihenhaus einen Anteil von 14 % bzw. 13 %. Die verbleibenden 10 % entfallen auf sonstige Haustypen.[139]

---

[134] Vgl. Statistisches Bundesamt (Hrsg.) (2001): Bautätigkeitsstatistik, o. S. bis Statistisches Bundesamt (Hrsg.) (2005): Bautätigkeitsstatistik, o. S.

[135] Vgl. o. V. (2005): Baufertigstellungen im Hochbau, http://www.destatis.de, 23.06.2005; ebenso Statistisches Bundesamt (Hrsg.) (2004): Bautätigkeit und Wohnungen, S. 18.

[136] Vgl. Statistisches Bundesamt (Hrsg.) (2004): Bautätigkeit und Wohnungen, S. 12.

[137] Vgl. o. V. (2004): Wohnungsbau auf Minusrekord-Kurs, 23.06.2005.

[138] Vgl. Statistisches Bundesamt (Hrsg.) (2001): Bautätigkeitsstatistik, o. S. bis Statistisches Bundesamt (Hrsg.) (2005): Bautätigkeitsstatistik, o. S.

[139] Vgl. Statistisches Bundesamt (Hrsg.) (2004): Bautätigkeit und Wohnungen, S. 76.

6. Beeinflussung der Wohnungsnachfrage durch die demografische Entwicklung sowie deren Folgen

Grundlage aller Untersuchungen zum Wohnungsbedarf bzw. der Nachfrage ist die Bevölkerungsentwicklung wie auch die Verteilung der Einwohner in Deutschland. In diesem Zusammenhang ist die Entwicklung der durchschnittlichen Haushaltsgrößen entscheidend für die Entwicklung der Haushaltszahlen, die die eigentliche Bedarfs- und Nachfrageseite auf dem Wohneigentumsmarkt widerspiegeln. Bedarf führt zur Nachfrage, wenn dies die Kaufkraft unter Berücksichtigung der Preisentwicklung zulässt.[140]

Aufgrund der demografischen Entwicklung liegt die Annahme nahe, dass die Immobilienmärkte in nächster Zukunft in eine sich beschleunigende Abwärtsspirale geraten. Jedoch existieren auf dem Markt auch gegenläufige Entwicklungen, die die Nachfrage nach Immobilien und damit die Wertentwicklung positiv beeinflussen.[141]

Aufgrund der derzeitigen Entwicklungen befindet sich der Wohneigentumsmarkt in einem Umbruch, dessen Strukturen sich nach einer Studie der Allianz bis 2010 deutlich verändern werden. Demnach bringe die demografische Entwicklung eine kleinere, aber räumlich dichtere Bevölkerung mit sich. Entscheidend dabei ist nicht die Entwicklung der Bevölkerung, sondern die der Haushalte. Die Haushalte bestimmen die Aktivität der Wohneigentumsmärkte.[142]

6.1. Demografische Entwicklung

6.1.1. Bevölkerungsentwicklung

Die **Bevölkerungsentwicklung** wird von zwei Determinanten maßgeblich beeinflusst: Zum einen von der natürlichen Bevölkerungsentwicklung als Saldo zwischen Geburten und Sterbefällen und zum anderen von der Bevölkerungsentwicklung durch Zu- und Abwanderungen. Die Migration betrifft nicht nur die absolute Zahl der Bevölkerung, sondern ebenso ihre strukturelle Zusammensetzung.[143]

---

[140] Vgl. Hessisches Ministerium für Wirtschaft, Verkehr und Landesentwicklung (Hrsg.) (2005): Wohnungsbericht Hessen 2004, Wiesbaden, S. 12.

[141] Vgl. Rehmann, H. (2005): Das unsichere Schicksal von Wohnimmobilien, in: Frankfurter Allgemeine Zeitung vom 02/2005, Nr. 47, S. 51.

[142] Vgl. Höfling, M. (2005) vom 06/2005, Nr. 24, S. 46.

[143] Vgl. GdW (Hrsg.) (2003), S. 46.

Gegenwärtig hat Deutschland 82,5 Mio. Einwohner. Damit ist die Bevölkerung um 13,2 Mio. (+16 %) im Vergleich zu 1950 gewachsen. Dieses Wachstum hat in den letzten zehn Jahren spürbar abgenommen, so dass die Bevölkerung seit 1995 lediglich um 700 Tsd. mit einer weiter fallenden Tendenz zugenommen hat (1995: 81,8 Mio. Einwohner). In den vergangenen zwanzig Jahren basierte die Bevölkerungszunahme ausschließlich auf Zuwanderungsüberschüssen.

„Eine Bevölkerung schrumpft, wenn die Zahl der Sterbefälle die Zahl der Geburten übersteigt und das Geburtendefizit nicht durch Zuwanderung kompensiert werden kann.“[144]

Aufgrund der Sterbefallüberschüsse ist die natürliche Bevölkerungsentwicklung negativ und leistet bereits seit den 70er-Jahren keinen positiven Beitrag mehr. Die Tendenz wird sich in den nächsten Jahren weiter verschärfen. In diesem Zusammenhang wird ein erheblicher Anstieg der Zuwanderungen erforderlich sein, um einen Bevölkerungsrückgang aufzuhalten. Langfristig wird dies nicht möglich sein. Diese gegensätzliche Entwicklung führt zu einer Verfremdung der deutschen Gesellschaft, wodurch der ausländischen Bevölkerung ein verstärktes Maß an Aufmerksamkeit geschenkt werden sollte.[145]

Das Statistische Bundesamt hat in seiner zehnten koordinierten Bevölkerungsvorausberechnung aus dem Jahre 2003 mehrere Varianten zur Darstellung der zukünftigen Bevölkerungsentwicklung Deutschlands vorausberechnet. Alle Varianten gehen davon aus, dass die Bevölkerung in Deutschland abnehmen wird. Diese Tatsache ergibt sich aus der Zunahme der Sterbefälle. Die heute relativ stark besetzten Jahrgänge der 30 bis 40-Jährigen wechseln während der Vorausrechnungsperiode in eine höhere Altersgruppe, die von einer höheren Sterblichkeit gekennzeichnet ist. Außerdem geht die Zahl der Frauen im gebärfähigen Alter von 20 Mio. (2001) auf 14 Mio. in 2050 zurück, was sich heute in einer niedrigen Geburtenrate niederschlägt.[146]

Nach der optimistischsten Variante wird die deutsche Bevölkerung bis 2024 auf 84,2 Mio. Einwohner angewachsen sein, bevor sie sukzessive schrumpft. Die mittlere Variante geht davon aus, dass erst 2012 (83,1 Mio. Einwohner) mit einem Bevölkerungs-

---

[144] GdW (Hrsg.) (2003), S. 46.
[145] Vgl. Statistisches Bundesamt (Hrsg.) (2004): Datenreport 2004, Wiesbaden, S. 31 ff.
[146] Vgl. Anhang 4: Entwicklung der Bevölkerungszahl in Deutschland, S. 73.

rückgang zu rechnen ist.[147] Die pessimistischste Variante kalkuliert mit einem Rückgang der Bevölkerung, der bereits in diesem Jahr seinen Anfang genommen hat. Demnach hat Deutschland gerade seine höchste Bevölkerungszahl erreicht.[148]

Da die Wachstumsprognosen in den letzten Jahren aufgrund der höher werdenden Lebenserwartungen und sonstigen Umständen ständig nach oben revidiert wurden, ist davon auszugehen, dass für Deutschland zumindest die mittlere Variante des Statistischen Bundesamtes gilt.[149]

Der prognostizierte Bevölkerungsrückgang ist momentan nicht zu spüren. Es herrscht eine „trügerische Ruhe" auf dem Markt, da die **Zuwanderungen** den durch den natürlichen Alterungsprozess ausgelösten Bevölkerungsrückgang noch ausgleichen können (2003: 142 Tsd. saldierte Zuwanderungen aus dem Ausland)[150]. Das wird sich jedoch grundsätzlich ändern, wenn die Zuwanderungsrate die ansteigende Sterberate nicht mehr kompensieren kann. In den letzten fünfzig Jahren waren die Zuwanderungen vorwiegend positiv und betrugen im Jahresdurchschnitt in etwa 200 Tsd. (davon entfielen rund 150 Tsd. auf Ausländer).[151]

Die Lebenserwartung in Deutschland nimmt kontinuierlich zu, die Anzahl der über 60-Jährigen steigt entscheidend an. Bis 2050 wird in der zehnten koordinierten Bevölkerungsvorausberechnung nach der pessimistischsten Variante mit einem Bevölkerungsrückgang von bis zu 16 Mio. Einwohnern gerechnet. Die optimistischere Variante geht wenigstens davon aus, das bis 2050 die Bevölkerungszahl wieder das heutige Niveau erreicht.

Das Grundproblem bei der demografischen Entwicklung liegt in der stark alternden deutschen Gesellschaft. Die Statistiken verzeichnen einen stetig sinkenden Anteil junger Menschen an der Bevölkerung. Die Altersgruppe der über 65-Jährigen wächst wahrscheinlich bis zum Jahre 2040 sowohl anteilmäßig als auch absolut. Die Veränderung in der Bevölkerung wird zeitlich und räumlich sehr ungleichmäßig stattfinden. Ein Land

---

[147] Vgl. Anhang 5: Altersstruktur in Deutschland, S. 74.

[148] Vgl. Statistisches Bundesamt (Hrsg.) (2004): Datenreport 2004, S. 57; ebenso Statistisches Bundesamt (Hrsg.) (2003): Bevölkerung Deutschlands bis 2050. 10. koordinierte Bevölkerungsvorausberechnung, Wiesbaden, S. 26 ff.

[149] Vgl. o. V. (2005): 2030 Deutschland mit mehr Einwohnern als heute, http://www.lbs.de/bayern/die-lbs/presse/lbs-research/deutschland, 01.07.2005.

[150] Vgl. o. V. (2004): Räumliche Bevölkerungsbewegung, http://www.statistik-portal.de, 07.06.2005.

[151] Vgl. Statistisches Bundesamt (Hrsg.) (2003): Bevölkerung Deutschlands bis 2050. 10. koordinierte Bevölkerungsvorausberechnung, S. 26 ff.

lebt von seiner jüngeren Bevölkerung, da diese für Wachstum und Wohlstand sorgt. In Folge der Entwicklung müssen immer weniger junge Menschen für immer mehr älter werdende Menschen arbeiten und sie versorgen.

Die Entwicklung kann auch wie folgt beschrieben werden: „Durch die zunehmende Alterung der Bevölkerung werde der Anteil des Sozialproduktes, das für Versorgungsleistung anfällt, von heute 23,5 auf 39 Prozent steigen. Wer mehr Geld für seine Krankenversicherung ausgibt, habe zwangsläufig weniger für die Nutzung von Immobilien übrig.“[152] Daraus folgt, dass der Bevölkerung Kaufkraft entzogen wird, was ganz besonders entscheidend für den Wohneigentumsmarkt ist. Eine geringere Kaufkraft bedeutet eine geringere Nachfrage, was einen Preisverfall der Immobilienwerte zur Folge hat.[153]

Die Bevölkerungszahlen haben sich in den verschiedenen Regionen Deutschlands sehr unterschiedlich entwickelt. Die großen Profiteure sind die südlichen Bundesländer, Bayern und Baden-Württemberg. Dagegen ist in fast allen Regionen des neuen Bundesgebietes ein Bevölkerungsrückgang zu verzeichnen, was insbesondere auf die Wanderungsbewegung von Ost- nach West- bzw. Süddeutschland zurückzuführen ist.[154]

Eine ähnliche Entwicklung wie im gesamtdeutschen Raum ist für die südlichen Bundesländer zu erwarten. Seit der Wiedervereinigung nahm die Einwohnerzahl in Bayern und Baden-Württemberg um jeweils 1 Mio. bzw. 1,1 Mio. zu. Damit verzeichnet Baden-Württemberg nach Nordrhein-Westfalen (18 Mio.) und Bayern (12,4 Mio.) mit 10,7 Mio. Einwohnern die dritthöchste Einwohnerzahl in ganz Deutschland. Das Bevölkerungswachstum hat sich in Baden-Württemberg deutlich abgeschwächt und beträgt nur noch 0,24 % p.a. (Bayern: 0,2 % p.a.; Deutschland: 0,1 %).[155] Das Wachstum der südlichen Länder wird bis auf Baden-Württemberg wegen seines minimalen Geburtenplus[156] ausschließlich durch die räumliche Bevölkerungsbewegung getragen. Mehr als die Hälfte der Zuwanderungen in Deutschland entfielen auf die beiden südlichen Bundesländer (31 Tsd. in Baden-Württemberg; 46 Tsd. in Bayern).

---

[152] Rehmann, H. (2005) vom 02/2005, Nr. 47, S. 51.

[153] Vgl. ebenda.

[154] Vgl. GEWOS (Hrsg.) (2004): Frei finanzierter Mietwohnungsneubau. Endbericht, S. 7; ebenso GdW (Hrsg.) (2003), S. 46 f; ebenso Statistisches Bundesamt (Hrsg.) (2004): Datenreport 2004, S. 31.

[155] Vgl. o. V. (2005): Gebiet und Bevölkerung. monatlicher Zahlenspiegel der Länder, http://www.statistikportal.de, 08.06.2005; ebenso Statistisches Bundesamt (Hrsg.) (2004): Pressekonferenz „Statistisches Jahrbuch 2004“ am 5. Oktober 2004 in Berlin, Wiesbaden, S. 3.

[156] Vgl. o. V. (2004): Die Bevölkerung in Baden-Württemberg 2003/2004, http://www.uni-tuebingen.de/iaw/womo/analysen/bevoelkerung_02-03.html, 07.07.2005.

74 % der Zuwanderungen in Bayern und 86 % in Baden-Württemberg kamen insbesondere aus den ostdeutschen Gebieten. Ein sehr viel kleinerer Teil waren Zuwanderungen aus dem Ausland.[157]

Der durchschnittliche **Ausländeranteil** in Deutschland beträgt 8,9 %. Sowohl in Bayern als auch in Baden-Württemberg liegt dieser Wert mit 9,5 % bzw. 12,1 % (2003) deutlich über dem bundesdeutschen Schnitt.[158]

Entsprechend des Bevölkerungswachstums hat ebenso die **Bevölkerungsdichte** in den südlichen Bundesländern zugenommen. In Deutschland entfielen im Jahr 2003 231 Einwohner auf einen Quadratkilometer (1991: 225 Einwohner/km²). Bayern mit der doppelten Fläche von Baden-Württemberg hat eine Einwohnerzahl je Quadratkilometer von 176 (1990: 162 Einwohner/km²). Dagegen weist Baden-Württemberg mit 299 Einwohnern eine wesentlich höhere Bevölkerungszahl pro Quadratkilometer auf (1991: 280 Einwohner/km²).[159]

Das Bundesgebiet wird zukünftig stärker von regionalen Ungleichgewichten in der demografischen Entwicklung geprägt sein. Die Bevölkerungsdichte hebt bereits die Städte oder Regionen hervor, die zukünftig auch weiterhin vom wirtschaftlichen Wachstum und einer Bevölkerungszunahme profitieren können. Zur Klassifizierung von Standorten zählen ebenso Faktoren wie Kaufkraft und Quadratmeterpreise von Eigentumswohnungen.

6.1.2. Entwicklung der Haushalte

Die Träger der Wohnungsnachfrage sind nicht die Einwohner einer Region alleine sondern die Anzahl und Struktur der Haushalte bestimmt sie maßgeblich. Sie gehören zu den wesentlichen Bestimmungsgrößen für die Nachfrage nach Wohnraum und werden mit ihrer Entwicklung den Wohnungsmarkt nachhaltig prägen.[160]

---

[157] Vgl. o. V. (2005): Bevölkerung: Gemeinden, Stichtage (ab 1960, 10er-Schritte), http://www.statistik.bayern.de, 08.07.2005; ebenso o. V. (2004): Bevölkerung, http://www.destatis.de, 11.06.2005.

[158] Vgl. o. V. (2004): Ausländische Bevölkerung, http://www.statistik-portal.de, 11.06.2005.

[159] Vgl. o. V. (2004): Bevölkerung, http://www.statistik-portal.de, 07.07.2005; ebenso o. V. (2005): Gemeindegebiet, Bevölkerung und Bevölkerungsdichte 1985-1996, http://www.statistik.baden-wuerttemberg.de/SRDB/Tabelle.asp?T=01515022&R=GE416041, 17.08.2005; ebenso Statistisches Bundesamt (2003): Bevölkerungsfortschreibung, Fachserie 1, Reihe 1.3, Wiesbaden, S. 9.

[160] Vgl. GdW (Hrsg.) (2003), S. 46.

Die Forschungsgesellschaft Empirica geht von einer positiven Entwicklung für die Wohnimmobilienmärkte aus. Zwar werde die Bevölkerung abnehmen, aber gleichzeitig wird sich die Zahl der Haushalte bis 2020 weiter erhöhen. Der Trend geht mehr und mehr in Richtung der Singlehaushalte bei einem gleichzeitigen Anstieg der Wohnfläche pro Person und Haushalt. Aus diesem Grunde sind die Perspektiven für den Absatzmarkt bei den Eigentumswohnungen positiv.[161]

Bei der Struktur der Haushalte sind insbesondere das Lebensalter sowie die Art des Zusammenlebens ausschlaggebend. Durch die sich verändernden Lebensstile und Familienformen ist die Zahl der Haushalte stärker gestiegen als die der Bevölkerung.[162]

Die letzten Jahre waren von einer kontinuierlichen Verkleinerung der **Haushaltsgrößen** bestimmt. Lebten im Jahre 1995 noch 2,5 Personen in einem Haushalt, so waren es neun Jahre später nur noch 2,1 (2,2 in Bayern und Baden-Württemberg). Die vermeintlich geringfügige Veränderung der Durchschnittswerte hat eine gravierende Auswirkung auf die Anzahl der Haushalte und erhöht die Zahl der Nachfrager auf dem Wohnungsmarkt. Eine Konsequenz ist ein größeres Wachstum der Haushaltszahlen gegenüber dem der Bevölkerung. Während zwischen 1991 und 2004 die Haushaltszahlen um 11 % wuchsen, stieg die Zahl aller Haushaltmitglieder um 3 %.

Die Gründe für diesen gesamtdeutschen Trend werden von zwei sich überlagernden Einflussfaktoren maßgeblich bestimmt. Zum einen führt die Alterung der Bevölkerung zu einer strukturellen Haushaltsverkleinerung. Ein steigender Anteil der älteren Bevölkerung erhöht die Zahl der Einpersonenhaushalte, da diese Haushaltsform bei den älteren häufiger vorkommt als bei der jüngeren Altersgruppe. Zum anderen ist in den vergangenen Jahren bei allen Altersklassen ein Wandel der Lebensgewohnheiten festzustellen, was ein Zeichen für die fortschreitende individuelle Singularisierung ist. Bis auf die Altersklassen der 25- bis 35-Jährigen und der der 55- bis 65-Jährigen lebten alle Altersgruppen häufiger alleine als noch vor fünf Jahren. Ursache für das veränderte Haushaltsbildungsverhalten ist ein fundamentaler Wandel der Lebensformen weit ab

---

[161] Vgl. Rehmann, H. (2005) vom 02/2005, Nr. 47, S. 51; ebenso Schmitt, T. (2005): Jetzt eine Wohnung kaufen, in: Frankfurter Allgemeine Sonntagszeitung vom 06/2005, Nr. 26, S. 41.

[162] Vgl. GdW (Hrsg.) (2003), S. 53; ebenso Statistisches Bundesamt (Hrsg.) (2005): Bevölkerung und Erwerbstätigkeit. Ergebnisse des Mikrozensus 2004, Fachserie 1/ Reihe 3, Wiesbaden, S. 40.

vom typischen Ehe- und Familienmodell. Ferner erfolgen Haushaltsgründungen in jüngeren Jahren in Verbindung mit einer geringen Kinderzahl.[163]

Nach Ansicht von Fachleuten wird die **Zahl der Haushalte** bis auf rund 41 Mio. im Jahr 2020 zunehmen und erst 2040 wieder das heutige Niveau erreichen. Dabei liegt die durchschnittliche Haushaltsgröße bei zwei Personen [164]

Im Zeitraum von 2015 bis 2020 dreht sich die Aufwärtsbewegung der Privathaushalte ins Negative um. Von diesem Zeitraum an kann die Verschiebung der Haushaltsstrukturen in Richtung der Singlehaushalte den weiterlaufenden Bevölkerungsrückgang nicht mehr kompensieren. Der Haushaltsrückgang ab 2015 bis 2020 wird zunächst in einer schleichenden Form erfolgen, bis er in den darauffolgenden Jahren weiter an Dynamik gewinnt.[165]

Bayern und Baden-Württemberg haben 5,7 Mio. bzw. 4,9 Mio. Haushalte mit weiter steigender Tendenz, was 27 % der deutschen Haushalte entspricht. Bundesländer mit einer gesunden Wirtschaftsstruktur ziehen Arbeitskräfte an. So prognostiziert das Statistische Bundesamt für die südlichen Bundesländer bis über das Jahr 2020 hinaus ein Wachstum der Haushaltszahlen von gut 15 %. Dem allgemeinen, sich fortsetzenden Trend entsprechend verzeichnen Bayern und Baden-Württemberg ebenfalls eine Entwicklung in Richtung der Ein- und Zweipersonenhaushalte. Die Singlehaushalte in Deutschland hatten 2004 einen Anteil von 37 % an allen Haushalten (36 % in Bayern und Baden-Württemberg). Damit hat sich der Anteil seit dem Jahr 1950 beinahe verdoppelt. Der Zuwachs bei den Zweipersonenhaushalten fällt nicht so stark aus. Er steigerte sich im vorgenannten Zeitraum von 25 % auf 34 % (32 % in Bayern und Baden-Württemberg).[166]

Dagegen ist die Zahl der privaten Haushalte mit mehr als drei Personen weiterhin rückläufig. Am stärksten reduzierten sich die Haushalte mit fünf und mehr Personen, deren Anteil von 16 % auf 4 % gefallen ist (5 % in Bayern und Baden-Württemberg).[167]

---

[163] Vgl. GdW (Hrsg.) (2003), S. 55; ebenso Statistisches Bundesamt (Hrsg.) (2005): Bevölkerung und Erwerbstätigkeit. Ergebnisse des Mikrozensus 2004, S. 14.

[164] Vgl. Harriehausen, C. (2005) vom 04/2005, Nr. 16, S. 15; ebenso Schmitt, T. (2005) vom 06/2005, Nr. 26, S. 41.

[165] Vgl. GdW (Hrsg.) (2003), S. 56.

[166] Vgl. Statistisches Bundesamt (Hrsg.) (2004): Datenreport 2004, S. 40 ff; ebenso Statistisches Bundesamt (Hrsg.) (2005): Bevölkerung und Erwerbstätigkeit. Ergebnisse des Mikrozensus 2004, S. 16.

[167] Vgl. GdW (Hrsg.) (2003), S. 55.

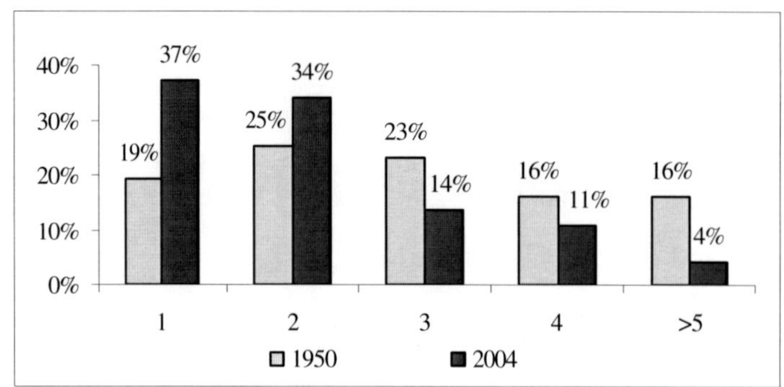

Abbildung 6: Haushaltsentwicklung in Deutschland 1950 - 2004[168]

Anzumerken ist hier noch, dass der Trend zur Haushaltsverkleinerung kein Großstadtphänomen ist. In den zurückliegenden Jahren hat sich der Anteil der Singlehaushalte sowohl in großen als auch in kleinen Gemeinden gleichermaßen schrittweise erhöht.[169]

6.1.2.1 Altersstruktur

Die Alterung der deutschen Gesellschaft hinterlässt ein verschobenes Bild der Altersklassen. Eine pyramidenförmige **Altersstruktur** mit der jungen Generation als Basis ist typisch für ein Land mit einer gesunden Bevölkerungsentwicklung. Entgegen der typischen Altersstruktur ist die Entwicklung in Deutschland nahezu umgekehrt. Mit 20,3 % bilden hierzulande die 35- bis 45-Jährigen die zahlenmäßig stärkste Altersgruppe, wohingegen die unter 25-Jährigen einen Anteil von lediglich 4,5 % haben. Der Anteil der über 65-Jährigen an den Haushalten beträgt 17,8 % mit einer weiter steigenden Tendenz. Diese Altersstruktur einer Bevölkerung ist typisch für eine alternde Gesellschaft.[170]

Bei den Singlehaushalten sind die beiden größten Altersgruppen die 25- bis 45-Jährigen sowie die über 60-Jährigen, die zusammen einen Anteil von 74,6 % an der Alterspyramide der Singlehaushalte haben. Davon bilden die über 60-Jährigen mit rund 44 % die stärkste Altersgruppe. Im Gegensatz dazu liegt das Gros bei den Mehrpersonenhaushalten mit 63,3 % in der Altersgruppe der 35- bis 65-Jährigen.[171]

---

168 Eigene Darstellung in Anlehnung an (Statistisches Bundesamt (Hrsg.) (2004): Datenreport 2004, S. 40; ebenso o. V. (2005): Haushaltstypen, http://www.destatis.de, 11.07.2005).

169 Vgl. GdW (Hrsg.) (2003), S. 55.

170 Vgl. Statistisches Bundesamt (Hrsg.) (2005): Bevölkerung und Erwerbstätigkeit. Ergebnisse des Mikrozensus 2004, S. 14 f.

171 Vgl. ebenda, S. 17.

Dieses Bild kann mit Hilfe der Art des Zusammenlebens in den Haushalten besser veranschaulicht werden. Zum einen strebt die jüngere Bevölkerung – die unter 45-Jährigen – nach Individualität und Selbstverwirklichung, wobei die ältere Generation, der über 60-Jährigen aufgrund der gestiegenen Sterblichkeit als Witwer oder Witwe öfters alleine leben.

Zum anderen werden die Mehrpersonenhaushalte erheblich durch die Eheschließungen und Familiengründungen der 35- bis 50-Jährigen geprägt. Der Anteil der Haushalte mit mehr als drei Personen beträgt in dieser Altersklasse rund 54 %. Zwar dominieren auch weiterhin mit 41 % die Haushalte über drei Personen bei der Altersklasse der 55- bis 60-Jährigen, wobei jedoch ein deutlicher Anstieg der Zweipersonenhaushalte zu verzeichnen ist. Bei den über 60-Jährigen steigt der Anteil der Zweipersonenhaushalte schließlich auf über 50 % an. Damit haben die Ein- und Zweipersonenhaushalte bei den über 60-Jährigen einen Anteil von mehr als 85 %.[172]

6.1.2.2 Wohnfläche je Haushalt

Zusätzlich zu der Entwicklung in Richtung der Single- und Zweifamilienhaushalte ist die **Wohnfläche je Haushalt** kontinuierlich angestiegen. In Deutschland stieg die Wohnfläche im Geschosswohnungsbau zwischen 1994 und 2003 von 65,6 m² auf 66,4 m² an. Die durchschnittliche Wohnfläche je Wohnung in Bayern und Baden-Württemberg übertrifft deutlich den bundesdeutschen Schnitt mit 67,3 m² bzw. 72,4 m².[173]

Entsprechend der Entwicklung der Wohnfläche je Haushalt ist die **Wohnfläche je Einwohner** für alle Gebäudearten ebenfalls ansteigend. Mit 40,9 m² in Baden-Württemberg und 42,5 m² in Bayern liegt die Wohnfläche über dem gesamtdeutschen Schnitt von 40,5 m².[174]

---

[172] Vgl. ebenda, S.17.

[173] Vgl. Statistisches Bundesamt (Hrsg.) (2004): Bautätigkeit und Wohnungen, S. 11.

[174] Vgl. ebenda, S. 5.

Der Wohnflächenbedarf verändert sich mit dem Alter der Hauhalte. Mit ansteigendem Lebensalter steigt die Flächeninanspruchnahme zunächst deutlich an, um später auf relativ hohem Niveau zu verharren.[175]

Aufgrund der positiven Entwicklungen der Wohnflächen und der Haushalte in den südlichen Bundesländern wird die Wohnflächennachfrage bis 2030 noch gut 20 % vom derzeitigen Niveau ansteigen (14 % in Westdeutschland).[176]

Als Ergebnis kann festgestellt werden, dass sich die Nachfrage nach Wohnraum demografisch und soziokulturell auf die kleineren Haushalte schwerpunktmäßig verlagert bei einem gleichzeitigen Anstieg der Wohnfläche je Haushalt.

6.1.2.3 Haushalte nach Gemeindegrößenklassen

Bei Betrachtung der **Haushalte nach Gemeindegrößenklassen** im Zeitraum von 2000 und 2004 fällt zunächst die überwiegend positive Entwicklung der Haushaltszahlen mit Ausnahme der Gemeinden unter 5.000 bzw. der zwischen 200.000 bis 500.000 Einwohnern auf. Der im Anhang aufgeführten Tabelle (S. 75) über „Privathaushalte nach Gemeindegrößenklassen" ist zu entnehmen, dass von der derzeitigen Haushaltsentwicklung primär die mittleren Gemeinden mit einer Größe zwischen 10.000 und 200.000 Einwohnern profitieren. 79 % des Zuwachses der Haushaltszahlen stammt aus diesen Kommunen. Gemeinden mit mehr als 500.000 Einwohnern erzielen zwar ebenfalls ein Wachstum, jedoch in deutlich abgeschwächter Form mit 15 % des Zuwachses der Haushaltszahlen.[177]

Absolut wie prozentual entwickelten sich die Gemeinden mit 20.000 bis 50.000 Einwohnern mit einer Erhöhung der Haushalte um 4,9 % am stärksten (Haushaltsentwicklung von 6.677 Tsd. im Jahr 2000 auf 7.001 Tsd. im Jahr 2004). Mit einem Zuwachs von 167 Tsd. Haushalten bei den Kommunen mit mehr als 500.000 Einwohnern belegt diese Gemeindegruppe den dritten Platz nach den Gemeinden zwischen 10.000 und 20.000 Einwohnern (+ 249 Tsd. Haushalte). Die kleinsten Gemeinden (unter 5.000 Einwohner) dagegen haben mit einer akuten Abwanderung von Haushalten zu kämpfen

---

[175] Vgl. Norddeutsche Landesbank (Hrsg.) (2005), S. 15.
[176] Vgl. Just, T./Reuther, S. (2005), S. 15.
[177] Vgl. Just, T./Reuther, S. (2005), S. 13 ff.

(- 78 Tsd.). Ebenso sind Gemeinden zwischen 200.000 und 500.000 Einwohnern von der Abwanderung betroffen (- 27 Tsd.).[178]

Kleinere Städte reagieren auf einen Rückgang der Wohnbevölkerung sehr sensibel. Bedingt durch die wirtschaftlichen, demografischen und sozioökonomischen Rahmenbedingungen kommt es zu einem verschärften Standortwettbewerb der Städte. Verliert beispielsweise eine Stadt an wirtschaftlicher Attraktivität durch den Verlust von Arbeitsplätzen, so wandern die jüngeren Menschen in andere Ballungsgebiete. Das führt zu einem Kaufkraftverlust und einem weiteren Rückgang der Handlungsfähigkeit der kleineren Städte.[179]

Die Entwicklung der Haushalte ist bei den Ein- und Mehrpersonenhaushalten grundsätzlich verschieden. Der Anstieg der Haushalte in der größten Gemeindegruppe ist beispielsweise ausschließlich durch die Singlehaushalte erfolgt. Dies trifft ebenso bei den Gemeinden mit 5.000 bis 10.000 Einwohnern zu. Grundsätzlich verzeichnen die Singlehaushalte in allen Gemeindeklassen einen Anstieg im Zeitraum von 2000 und 2004. Ihr positiver Beitrag am Wachstum der Haushalte beträgt insgesamt 67 %. Mehrpersonenhaushalte ziehen sich insbesondere aus den Gemeinden unter 10.000 und über 200.000 Einwohnern zurück. In den Ballungsgebieten von über 200.000 Haushalten steigen tendenziell die Kaufpreise an, so dass Familien gezwungen werden, sich im Umland anzusiedeln. Durch diesen Preiseffekt sinkt die Wohnfläche pro Einwohner auch in Großstädten.[180]

Die **Wohneigentumsquote** ist bis heute in den ländlichen Regionen höher als in den Großstädten. Die Entwicklung der letzen Jahre hat jedoch gezeigt, dass die Quote auch in den Städten stark zugenommen hat. Bei Mehrfamilienhäusern macht das Wohneigentum bereist 42 % aus (in Gemeinden unter 5.000 Hauhalten liegt der Anteil bei 65 %).[181]

---

[178] Vgl. Anhang 6: Privathaushalte nach Gemeindegrößenklassen, S. 75.

[179] Vgl. Schulte, K.-W. (Hrsg.) (2005): Immobilienökonomie. Band II Stadtplanerische Grundlagen, München, S. 423 f.

[180] Vgl. Just, T./Reuther, S. (2005), S. 13 ff.

[181] Vgl. LBS (Hrsg.) (2005), S. 29.

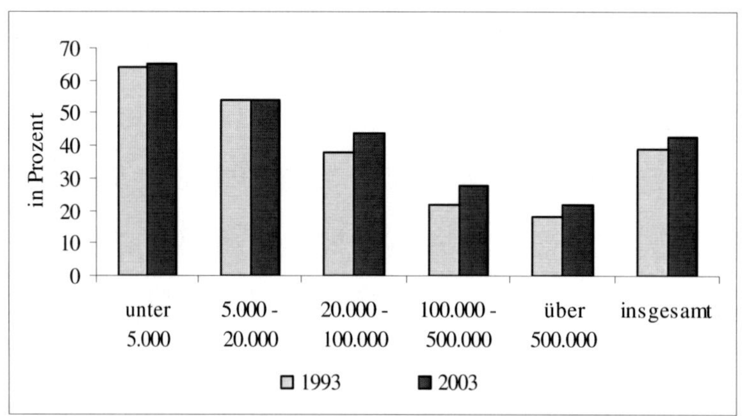

Abbildung 7: Wohneigentumsquote der Haushalte nach Kommunen[182]

Als **Zwischenfazit** kann gezogen werden, dass sich der Bauträger bei der Auswahl von Gemeinden als Investitionsstandort auf Gemeinden mit mehr als 20.000 Einwohnern konzentrieren soll. Kommunen mit weniger als 20.000 Haushalten haben zwar teilweise ein Wachstum, was sich jedoch aufgrund des Bevölkerungsrückgangs ins Negative verändern wird. Der durch Schrumpfung verursachte negative Trend betrifft zunächst die kleineren Kommunen und weitet sich langsam aber stetig auf die größeren Gemeinden aus.

6.2. Sozioökonomische Faktoren

„Die demografische Entwicklung führt zu einer dramatischen Zunahme der Ungleichheit und zur Spaltung der Gesellschaft"[183] sagte der Bielefelder Bevölkerungswissenschaftler Herwig Birg. Deshalb ist eine umfassende Analyse der verschiedenen Regionen der Länder von großer Bedeutung, um die Gewinner und Verlierer ausfindig zu machen. Wichtige sozioökonomische Indikatoren, die einen Impuls auf die Wohnungsnachfrage ermöglichen, sind die Entwicklung der Erwerbslosigkeit und Beschäftigung sowie der Haushaltseinkommen.

6.2.1. Erwerbslosigkeit und -tätigkeit

Der leichte Rückgang der Wirtschaftsleistung im Jahr 2003 mit -0,1 % und die langsame Konjunkturerholung mit 1,6 % im Jahr 2004 hatte eine Reduzierung der Erwerbstätigen zur Folge (Wirtschaftswachstum 2004 in Bayern 2,3 %, 0,2 % im Jahr 2003; Ba-

---

[182] Eigene Darstellung in Anlehnung an (LBS (Hrsg.) (2005), S. 29).

[183] Rehmann, H. (2005) vom 02/2005, Nr. 47, S. 51.

den-Württemberg 2,3 %, 0 % im Jahr 2003).[184] Damit die Zahl der Beschäftigten zunimmt, muss die durchschnittliche Wachstumsrate des Bruttoinlandproduktes bei rund 1,7 % liegen.[185]

Die **Erwerbstätigkeit** reduzierte sich von 2001 bis zum 1. Quartal 2005 um 1,9 % (von 39,3 Mio. auf 38,6 Mio.). Prognosen gehen davon aus, dass insgesamt die Zahl der Erwerbstätigen bis 2035 um 15 Prozent sinken soll[186]. Dagegen erhöhte sich die jahresdurchschnittliche **Erwerbslosenzahl** im gleichen Zeitraum von 3,7 Mio. auf 4,25 Mio., was einem Anstieg von 15 % entspricht. Die Arbeitslosenquote lag damit bei 9,9 % (I/2005). Eine steigende Erwerbslosenzahl reduziert die Kaufkraft und die potenziellen Käufer von Eigentumswohnungen.[187]

Die Bundesländer Bayern und Baden-Württemberg konnten sich entgegen der gesamtdeutschen Entwicklung behaupten. Die Arbeitslosenquote liegt in diesen Ländern bei 6,9 % und 6,2 % und erreicht damit den niedrigsten Wert der gesamten Bundesrepublik. Die Zahl der Erwerbstätigen in Bayern ging im Zeitraum von 2001 bis 2004 um 1,1 % zurück (5,35 Mio. Erwerbstätige), in Baden-Württemberg um 0,2 % (6,2 Mio. Erwerbstätige).[188]

6.2.2. Einkommensentwicklung und verfügbares Einkommen

Die reale **Einkommensentwicklung** der privaten Haushalte zeigt in Deutschland seit den 90er-Jahren nur ein sehr geringes Wachstum auf. Als wichtigste Einnahmequelle der Haushalte entwickelten sich die Nettolöhne und -gehälter auch 2004 verhalten. Demnach ist die durchschnittliche Nettolohn- bzw. Gehaltssumme je Arbeitnehmer im Jahr 2004 um lediglich 1,7 % gewachsen.[189] Bereinigt um die Inflation, ist der reale

---

[184] Vgl. o. V. (2005): Wirtschaftliche Belebung in 2004, http://www.destatis.de/presse/deutsch/pm2005/p0190121.htm, 21.07.2005.

[185] Vgl. GDW (Hrsg.) (2004): Wohnungswirtschaftliche Daten und Trends 2004/2005, Hamburg, S. 74.

[186] Vgl. Rehmann, H. (2005) vom 02/2005, Nr. 47, S. 51.

[187] Vgl. Statistisches Bundesamt (Hrsg.) (2001): Leben und Arbeiten in Deutschland. Ergebnisse des Mikrozensus 2000, Wiesbaden, S. 13 ff; ebenso Statistisches Bundesamt (Hrsg.) (2005): Bevölkerung und Erwerbstätigkeit. Ergebnisse des Mikrozensus 2004, S. 20; ebenso o. V. (2005): Volkswirtschaftliche Gesamtrechnung. Bruttoinlandsprodukt, http://www.destatis.de, 21.07.2005; ebenso o. V. (2005): Anstieg der Erwerbstätigkeit im ersten Quartal 2005 um 0,5 %, http://www.destatis.de/presse/deutsch/pm2005/p2260031.htm, 25.07.2005.

[188] Vgl. o. V. (2005): Erwerbstätige (Arbeitsort) in Deutschland 1991 bis 2004 nach Ländern, http://www.hsl.de/erwerbstaetigenrechnung/erwerbstaetige.htm, 25.07.2005.

[189] Vgl. Schöneberg, U. (2005): Pressemitteilung: Zur Angst von Arbeitslosigkeit gesellen sich Sorgen um Inflation und Kriminalität, http://www.gfk.de/index.php?lang=de&contentpath=http%3A//www.

Nettoverdienst je Arbeitnehmer 2004 mit 0 % sogar unverändert zum Vorjahr geblieben.[190]

Durch die spürbaren Einschnitte bei den Transferleistungen bleibt die Einkommensperspektive der Beschäftigten auch weiterhin unsicher. Dies lässt die Sparquote weiterhin auf einem hohen Niveau verharren. Auf dem Wohnungsmarkt wird erst ein positiver Konsumeffekt zu erwarten sein, wenn sich die Beschäftigungs- und Einkommensperspektive grundlegend verbessert. Nach der Studie „Challenges of Europe 2005“ vom Konsumforschungsunternehmen GfK nannten 81 % der Bundesbürger die Arbeitslosigkeit als das dringendste Problem (Österreich 47 %, Groß-Britannien 4 %).

Die globale Einkommensentwicklung gibt keine Aufschlüsse über die tatsächliche Verteilung des **verfügbaren Einkommens**, das den privaten Haushalten zum Konsum zur Verfügung steht. Seit den letzten acht Jahren kristallisiert sich zunehmend eine Verstärkung des Ungleichgewichtes zu Gunsten der einkommensstarken Haushalte heraus. 1997 verfügten 20 % der Einkommensärmsten noch über 9,9 % des Gesamteinkommens, allerdings reduzierte sich dieser Anteil bis 2002 auf 9,3 %. Im gleichen Zeitraum verbesserten die vermögensreichsten 20 % der Haushalte ihren Anteil von 35,2 % auf 36,4 %. Die Schere in Richtung einer Zweiklassengesellschaft geht weiter auseinander. Dabei ist jedoch zu beachten, dass die Ungleichverteilung der Einkommen seit den 80er-Jahren in einer wellenförmigen Bewegung mal zu und mal abgenommen hat. So liegen die verschiedenen Anteile noch innerhalb der im längerfristigen Verlauf zu beobachtenden Schwankungsbreite und weisen noch keine ausgeprägten Polarisierungstendenzen auf. Für Bauträger sind Gebiete mit hohem Einkommen interessant, da es dort ein besseres Absatzpotenzial für Wohnimmobilien und Eigentumswohnungen gibt.[191]

Die durchschnittlichen monatlichen Ausgaben für den **privaten Konsum** betrugen in Deutschland Anfang 2003 rund 2.000 € (2.200 € in Westdeutschland). Bei Betrachtung der monatlichen Hauhaltsnettoeinkommen erwirtschafteten 2004 rund 15 Mio. Haushalte mit 42 Mio. Personen durchschnittlich mehr als 2.000 € (durchschnittliche Haushalts-

gfk.de/presse/pressemeldung/contentdetail.php%3Fid%3D726, 26.07.2005; ebenso Statistisches Bundesamt (Hrsg.) (2005): Bruttoinlandsprodukt 2004 für Deutschland, Wiesbaden, S. 19.

190 Vgl. o. V. (2005): Verbraucherpreisindex für Deutschland, http://www.destatis.de, 22.08.2005.

191 Vgl. Informationsdienst Soziale Indikatoren (Hrsg.) (2005): Relative Armut und Konzentration der Einkommen deutlich gestiegen, Mannheim, S. 1 ff.

größe von 2,8 Personen). Vermögen kann somit erst aufgebaut werden, wenn das Einkommen über dem Wert des privaten Konsums liegt.[192]

Neben dem monatlichen Einkommen spielt auf dem kapitalintensiven Wohnungsmarkt, das verfügbare Einkommen eine entscheidende Rolle. Beispielsweise liegt das Einkommen der Rentner deutlich unter 2.000 €, wobei sie jedoch über ein wesentliches Vermögen verfügen.[193]

Die ältere Bevölkerung hat ihr Vermögen im Laufe ihres Lebens angesammelt bzw. vererbt bekommen und bringt dadurch ohnehin wesentlich mehr Eigenkapital zur Finanzierung einer Immobilie mit. Diese Erwerbertypen sind u.a. Immobilienumsteiger, die beispielsweise ihr Landdomizil veräußern, um sich in Ballungsgebieten durch Kauf einer Eigentumswohnung wieder anzusiedeln.[194]

Folgende **Beispielrechnung** soll anhand von Durchschnittswerten verdeutlichen, wie viel Geldvermögen ein Haushalt benötigt, um zu den potenziellen Erwerbertypen von Eigentumswohnungen zu zählen. Die Durchschnittsgröße einer Eigentumswohnung beträgt 67 m² (Baden-Württemberg 2004) bei einem durchschnittlichen Quadratmeterpreis von 2.140 €[195]. Daraus resultiert ein Kaufpreis von 143.380 €. Unabhängig von der Eigentumswohnung liegen nach Prof. Dr. Schulte die Gesamtkosten zum Erwerb von Wohneigentum heute bei rund 175.000 €.[196] In der Praxis verlangen Kreditinstitute – abhängig von der Bonität und der Höhe des Kaufpreises – eine Eigenkapital-Hinterlegung von mindestens 20 % beim Kauf einer Immobilie durch eine Privatperson. Die Eigenheimzulage dient als Eigenkapitalersatz.

Die Kreditsicherheitsrichtlinie „Basel II“ gilt ebenso für Privatinvestoren beim Kauf einer Eigentumswohnung. Wie auch bei den Unternehmen richtet sich die Richtlinie in erster Linie nach dem Einkommen der Privatpersonen sowie nach deren Alter. Bei der Bank gilt ein Hypothekenkunde, der älter als 50 oder 60 Jahre ist, bereits als Risiko, wenn das verfügbare Nettoeinkommen unter 2.000 € liegt. Ferner stehen diesen Perso-

---

[192] Vgl. Informationsdienst Soziale Indikatoren (Hrsg.) (2005), S. 4.
[193] Vgl. ebenda, S. 4 f.
[194] Vgl. Treiber, D. (2005): Junge Alte ziehen zurück in die Stadt, http://www.welt-am-sonntag.de/data/2005/04/17/705011.html, 14.07.2005.
[195] Vgl. LBS (Hrsg.) (2005), S. 10.
[196] Vgl. Schulte, K.-W. (Hrsg.) (2005), S. 426.

nen beim Renteneintritt weniger Einnahmen zur Verfügung, um die noch laufende Finanzierung zu bedienen.[197]

Lediglich 25,4 % der Haushalte haben ein **Nettogeldvermögen** (Wertpapiere, Sparguthaben, Lebensversicherung, Forderungen etc.) von mehr als 50.000 €. 2,2 % der Haushalte haben ein Vermögen von mehr als 250.000 €. Aufgrund der Eigenheimzulage sind ebenfalls die Schwellenhaushalte mit einem Nettogeldvermögen von 25.000 € bis 50.000 € zur potenziellen Käufergruppe zu zählen(18,4 % der Haushalte).[198]

Zu den vermögensstärksten Haushalten nach sozialer Stellung zählen insbesondere Selbstständige, Pensionäre, Beamte und Rentner. Arbeitslose, Arbeiter und Angestellte gehören zur vermögensschwächsten gesellschaftlichen Gruppe. Während rund 49 % der Selbstständigen und 43 % der Pensionäre über ein Nettogeldvermögen von mehr als 50.000 € verfügt, so beträgt dieser Anteil bei den Arbeitern 16 % bzw. 11 % bei den Arbeitslosen.

6.3. Zukunftsbetrachtung des Nachfrageverhaltens aufgrund einer alternden Bevölkerung

6.3.1. Besitzstruktur von Wohnimmobilien

Bei den Singlehaushalten ist die **Eigenheim- und Eigentumsbesitzstruktur** entgegen dem europäischen Durchschnitt vollkommen unterentwickelt. In Deutschland besitzt überwiegend die ältere Bevölkerung ein Eigenheim und davon ist die größte Gruppe die der über 65-Jährigen. Bei den unter 30-Jährigen besitzen weniger als 5 % ein Eigenheim (EU-Durchschnitt: 21 %). Deutlich größer ist die Quote bei den 30 bis 65-Jährigen mit ca. 20 % (EU-Durchschnitt: 48 %). Der Anteil bei den über 65-Jährigen liegt bei rund 30 % (EU-Durchschnitt: 54 %). Dies ist u.a. auf die geringere Kaufkraft der jüngeren Bevölkerung zurückzuführen. Des Weiteren ist jeder Fünfte älter als 60 Jahre, der, mit steigender Tendenz, das Wohneigentum noch einmal wechselt. Aus einer Infratest – Wohneigentumsstudie geht hervor, dass das Durchschnittsalter von Wohnimmobilienbesitzern in den letzten fünf Jahren von 44 auf 49 Jahre gestiegen ist. Als Konsequenz

---

[197] Vgl. LBS (Hrsg.) (2005), S. 10.

[198] Vgl. Statistisches Bundesamt (Hrsg.) (2004): Wirtschaftsrechnungen, Fachserie 15, Heft 2, Wiesbaden, S. 10 ff.

daraus ist es sinnvoll, den Fokus bei der Zielgruppe von Eigentumswohnungen auf die ältere Bevölkerung zu richten.[199]

6.3.2. Erwerbertypen

Nach einer Studie des Forschungsinstituts Empirica treten bei Wohneigentumskäufern neben der älteren Zielgruppe zwei klassische **Erwerbertypen** auf: Der Lebensabschnittserwerber und der Weichensteller. Erstkäufer von Wohneigentum sind im Schnitt 38 Jahre alt. Diese Erwerbertypen machen in etwa ein Viertel des Wohneigentümerpotenzials aus.[200]

Der Lebensabschnittserwerber hat in der Regel eine Familienerweiterung vor und sucht eine Immobilie mit familiengerechter Wohnqualität. Dabei sind funktionale und emotionale Aspekte von entscheidender Bedeutung.

Der Weichensteller erwirbt sein Eigenheim – welches er bereits als Single gekauft hat – mit der Absicht der Vermögensanlage. Aktuelle Marktgegebenheiten, Steuervergünstigungen und Finanzierungsmodelle spielen für diesen Typ eine wichtige Rolle. Sobald sich die Lebensumstände verändern, ist diese Käufergruppe bereit, flexibel auf den Markt zu reagieren. Die Wohnungsmärkte haben sich noch nicht optimal auf die veränderte Situation vorbereitet bzw. eingerichtet.

Die ältere Bevölkerungsgruppe nimmt in Zukunft deutlich stärker zu und wird den Wohneigentumsmarkt maßgeblich beeinflussen. Ende 2003 waren 18 % der deutschen Bevölkerung älter als 65 Jahre. Dieser Anteil wird sich nach der zehnten koordinierten Bevölkerungsvorausberechnung des Statistischen Bundesamtes bis 2010 sukzessive auf 20 % erhöhen und dann weiter auf 29 % bis 2040 steigen. Nach dem Bundesverband deutscher Wohnungsunternehmen wohnt ein Großteil der älteren Menschen in ihren angestammten Wohnungen und beabsichtigt dort oder in unmittelbarer Umgebung zu bleiben. Darüber hinaus können Sie sich jedoch durchaus vorstellen ihren Wohnraum zu wechseln, wenn sich dieser qualitativ nicht verschlechtert. Dabei wird bevorzugt ein

---

[199] Vgl. Harriehausen, C. (2005) vom 04/2005, Nr. 16, S. 15; ebenso Dietmar, T. (2005): Junge Alte ziehen zurück in die Stadt, 14.07.2005.

[200] Vgl. Dietmar, T. (2005): Junge Alte ziehen zurück in die Stadt, 14.07.2005.

schwer bewirtschaftbares Einfamilienhaus verkauft, um dann eine Eigentumswohnung zu erwerben, die gegebenenfalls noch behindertengerecht sein soll.[201]

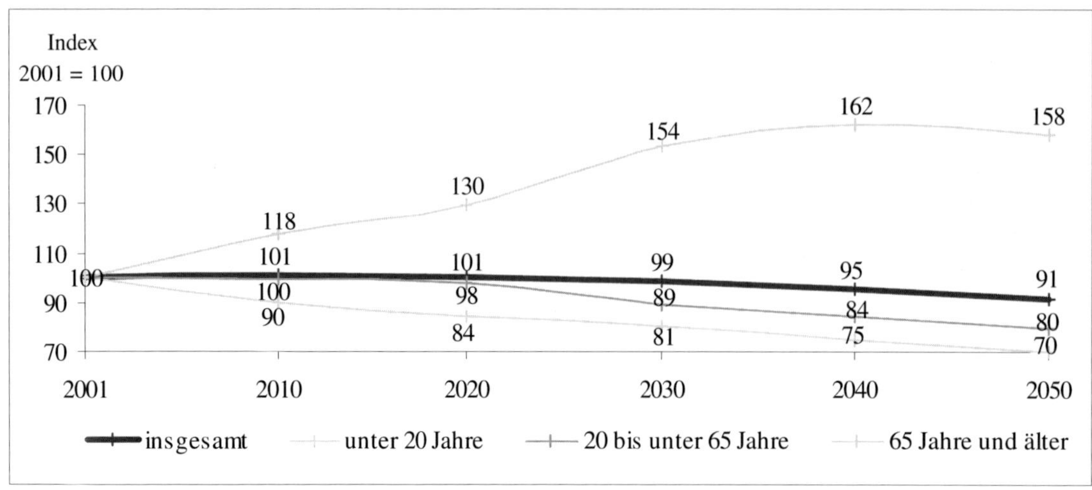

Abbildung 8: Altenquotient mit Altersgrenze 65 Jahre[202]

6.3.3. Das veränderte Nachfrageprofil

Eine alternde Gesellschaft hat ein verändertes **Nachfrageprofil** in der Wohnungswirtschaft zur Folge. Deshalb wird es zwingend erforderlich sein, dass eine alten- und behindertengerechte Entwicklung der Wohnungsbestände stattfindet. Außerdem ist mit einer stärkeren Mobilität auch der älteren Haushalte zu rechnen, die sich mit ihrem Umzug primär nach Infrastruktur, Versorgungsmöglichkeiten, Freizeitwert sowie sozialen und kulturellen Angeboten richten. Aus diesem Grunde profitieren davon verstärkt Großstädte, Ballungsgebiete und Kurorte. Gerade der Bedarf an Pflege und Hilfe nimmt mit dem Alter übermäßig zu.[203]

In Zukunft wird jedoch das Pflegepotenzial der Älteren durch die Angehörigen sukzessive zurückgehen, wodurch sich die Wohnungsansprüche weiter erhöhen werden. Den letzten Lebensabschnitt wollen sie zunehmend selbst aktiv gestalten. Daraus ergeben sich unabhängig vom betreuten Wohnen völlig neue Wohnformen wie etwa das gemeinschaftliche Wohnen. Immer öfter planen ältere Menschen eine Wohn- und Hausgemeinschaft zu gründen, um sich gegenseitig zu unterstützen. Von Seiten der Bauträ-

---

[201] Vgl. GdW (Hrsg.) (2003), S. 60.

[202] Eigene Darstellung in Anlehnung an (Statistisches Bundesamt (Hrsg.) (2003): Bevölkerung Deutschlands bis 2050. 10. koordinierte Bevölkerungsvorausberechnung, S. 42).

[203] Vgl. GdW (Hrsg.) (2003), S. 60.

ger ist es daher sinnvoll, die Integration sozialer Dienstleistungen in die Projektplanung einzuschließen, was das Absatzpotenzial steigert.[204]

Nach der derzeitigen Entwicklung ergibt sich eine verstärkte Berücksichtigung der älteren Altersgruppe in der Sanierungs-, Modernisierungs- und Neubauplanung. Hier haben die Neubauten gegenüber den Bestandsgebäuden wesentliche Vorteile. Besondere Baummaßnahmen wie Aufzüge, Parkmöglichkeiten, altengerechte Eingänge und Zufahrtsmöglichkeiten können in Neubauten bereits in der Planung einfach und kostengünstiger berücksichtigt werden als in Bestandobjekten. In Bestandobjekten sind solche Maßnahmen oft mit erheblichen Mehrkosten verbunden.

Grundsätzlich profitieren von der derzeitigen Entwicklung Ballungsgebiete, die aufgrund ihrer Infrastruktur mit Versorgungseinrichtungen, Arbeitsplätzen, Freizeitmöglichkeiten sowie sozialen und kulturellen Angeboten den Menschen ein umfangreiches Angebot bieten. Hierbei ist jedoch auch zu beachten, dass Großstädte mit hohen Quadratmeterpreisen wie München und Stuttgart nur unterdurchschnittlich von der derzeitigen und kommenden Entwicklung profitieren werden. In diesen Gebieten wandern die Menschen bevorzugt in das preisgünstigere Umland ab.[205]

6.4. Einflussnahme von Zuwanderern auf den Wohnungsmarkt

Das Bevölkerungswachstum basiert in Deutschland seit den 70er-Jahren fast ausschließlich auf den Zuwanderungsüberschüssen. Der Zuwanderungsüberschuss durch ausländische Zuwanderer betrug in den letzten fünfzig Jahren jährlich rund 150 Tsd. Bis zum Jahre 2050 geht das Statistische Bundesamt von einer Nettozuwanderung von 5,6 Mio. bis 14,5 Mio. Personen aus.[206]

Somit wird sich absolut wie prozentual der Anteil der ausländischen Bevölkerung an der deutschen Bevölkerung in den kommenden Jahren wesentlich erhöhen. Die Zuziehenden sind in der Regel jünger als die Fortziehenden. Daraus ergibt sich ein so genannter „Verjüngungseffekt".

---

[204] Vgl. GdW (Hrsg.) (2005), S. 48 f.

[205] Vgl. ebenda, S. 47.

[206] Vgl. Statistisches Bundesamt (Hrsg.) (2005): Bevölkerung und Erwerbstätigkeit. Ergebnisse des Mikrozensus 2004, S. 10.

Nach dem Bericht der Ausländerbeauftragten der Bundesregierung zählen Ausländer häufiger als deutsche Einwohner zu einer sozial schwächeren Bevölkerungsschicht, wodurch sich der Wohneigentümermarkt für diese Gruppe stark einschränkt. Daher ist die Wohneigentümerquote der Ausländer deutlich geringer. Dementsprechend liegt die Wohneigentümerquote der in Deutschland lebenden ausländischen Zuwanderer bei 13 % (2002). Fünf Jahre zuvor lag sie noch bei 8 %. Erst nach sozialer Integration und wirtschaftlicher Etablierung neigen Ausländer zunehmend zur Eigentumsbildung.

In Deutschland stieg die Zahl der ausländischen Haushalte im Zeitraum von 2000 bis 2004 um 6,7% (2000: 2,6 Mio. Haushalte; 2004: 2,8 Mio. Haushalte). Im Vergleich dazu erhöhten sich die Haushalte deutscher Herkunft um lediglich 2,3 %. Demnach stieg der Anteil ausländischer Haushalte auf 7,2 % der gesamtdeutschen Haushalte.[207]

Ausländer wohnen auf deutlich kleinerem Raum mit wesentlich mehr Personen zusammen. So verfügen diese Haushalte in der Regel über rund 20 m² weniger Wohnfläche, bei einer Pro-Kopf-Wohnfläche von 25 m².

Von der Wanderungsbewegung der ausländischen Bevölkerung profitieren überwiegend Städte und Ballungsräume. Der Wohnungsbedarf konzentriert sich primär auf Mehrfamilienhäuser, was auch die deutlich geringere Wohnfläche pro Haushalt erklärt. Die Zuwanderungsentwicklung und die steigende Wohnungseigentümerquote der Ausländer generieren langfristig ein Nachfragepotenzial. Entscheidend dabei werden jedoch stets die Hilfestellungen zur kulturellen und sozialen Integration sein, die u.a. eine Fortsetzung und Ausweitung der Einwanderungsprozesse ermöglicht. Ausländer neigen dann mehr zum Kauf von Eigentumswohnungen.[208]

6.5. Zusammenfassende Analyse

Die Wohnungswirtschaft wird mit regional sehr unterschiedlichen Bedarfslagen konfrontiert werden, die im Markt verschiedene Angebots- und Nachfrageinseln entstehen lassen. Regionale Unterschiede in der Bevölkerungsentwicklung sowie der haushalts-

---

207 Vgl. Statistisches Bundesamt (Hrsg.) (2005): Bevölkerung und Erwerbstätigkeit. Ergebnisse des Mikrozensus 2004, S. 10.

208 Vgl. ebenda.

spezifischen Bedarfsentwicklung sowie den ökonomisch- und sozioökonomischen Ungleichgewichten führen zu einer größeren Heterogenität der Wohnungsmärkte.[209]

Die Betrachtung der zukünftigen Haushaltsentwicklung zeigt, dass trotz rückläufiger Bevölkerungszahlen in den kommenden 15 bis 20 Jahren mit einem stabilen Neubaubedarf zu rechnen ist. Dieser Bedarf ist durch die steigenden Haushaltszahlen, notwendiger Ersatzinvestitionen für abgerissene Bestandsgebäude sowie Anpassung der Gebäudestruktur an eine sich wandelnde Nachfrage begründet.[210]

Die Entscheidung zur Bildung von Wohneigentum hängt von zahlreichen ökonomischen und sozioökonomischen Faktoren wie Einkommen, Zinsentwicklung, Inflation, staatlichen Förderleistungen sowie persönlichen Präferenzen ab. Aus den Entwicklungstendenzen zwischen Einkommen und Lebensalter besteht ein deutlicher Zusammenhang zu dem Erwerb von Wohneigentum. Die Erwerbswahrscheinlichkeit ist in Deutschland somit bei den 30- bis 45-Jährigen am höchsten und sinkt mit dem Alter kontinuierlich ab.[211]

Gemäß den Ausführungen in Ziffer 3.2.3 haben die Zinsen in Deutschland ein historisch niedriges Niveau bei gleichzeitig niedrigen Immobilienpreisen erreicht. Zusammen bietet diese Kostenstruktur eine günstige Kaufgelegenheit von Eigentumswohnungen. Die Nachfrage bleibt dennoch gering, da die schwierigen wirtschaftlichen Rahmenbedingungen, die Sorge um den Arbeitsplatz sowie das unklare Handeln der Politik die privaten Haushalte vor Investitionen zurückschrecken lassen. Angesichts der unklaren Perspektiven fehlt den Menschen die Zuversicht, einen kapitalintensiven Immobilienkauf in Erwägung zu ziehen. In Verbindung mit einer wirtschaftlichen Erholung wird sich auch die Einstellung gegenüber einem Immobilienkauf verbessern.[212]

Eine Studie des Marktforschungsinstituts Empirica hat herausgefunden, dass in etwa 1,3 Mio. Haushalte in Deutschland grundsätzlich eine Wohnung kaufen wollen und dafür eine Finanzierungsmöglichkeit hätten. Neben den vorgenannten Gründen, weshalb die Haushalte vor einem Kauf zurückschrecken, kristallisiert sich ebenfalls heraus, dass die zunehmend geforderte Mobilität und Flexibilität des Arbeitsmarktes Investitionsentscheidungen erschwert. So ist die Wiederverkaufsmöglichkeit der Eigentumswohnung

---

[209] Vgl. GdW (Hrsg.) (2003), S. 58.
[210] Vgl. ebenda, S. 58
[211] Vgl. ebenda, S. 56 ff.
[212] Vgl. Höfling, M. (2005) vom 06/2005, Nr. 24, S. 46.

von besonderer Bedeutung. Gerade jüngere Menschen in der Altersklasse von 30 bis 40 Jahren meiden momentan den Immobilienkauf. Dagegen gibt es bei den Altersklassen der über 45- bzw. der über 60-Jährigen eine überdurchschnittlich hohe Anzahl an Immobilienkäufen.[213]

Zusammenfassend ist festzuhalten, dass die Wohneigentumswirtschaft mit zunehmend heterogeneren Lebensstilgruppen und einem sehr differenzierten Nachfrageprofil konfrontiert wird. Aufgrund des demografischen Wandels wird der Markt für altersgerechte Wohnungen steigen. Neben dem Trend zur Verkleinerung der Haushalte steigen die Ansprüche zur Bildung von Wohneigentum sowohl qualitativ als auch quantitativ. Der Wohnflächenbedarf bei den einkommensschwächeren und -stärkeren Haushalten zeigt eine weiter steigende Tendenz. Der Bauträger hat darauf zu achten, dass er der wachsenden, anspruchsvollen, kaufkräftigen und nach Individualität strebenden Kundengruppe geeignete Eigentumswohnungen anbietet. Besonderes Augenmerk sollte auf die Errichtung barrierefreier und behindertengerechter Wohnungen gelegt werden.[214]

TNS Infratest hat im Auftrag verschiedener Institute wie der Landesbausparkasse (LBS) das Kaufverhalten für Wohnimmobilien 2001 bis 2003 untersucht und typische Erwerbermerkmale herausgefunden. Der typische Wohneigentumserwerber in Westdeutschland ist im Schnitt 40 Jahre alt. Diese Personen leben in Objekten mit einer Größe von 124 m² und 2,8 Personen pro Haushalt. Der Objektpreis beträgt im Durchschnitt 186 Tsd. €.[215]

Die Hauptmotivation der Mieter, Wohneigentümer zu werden, sind im Wesentlichen die folgenden Gründe: Unabhängigkeit vom Vermieter, keine Mietzahlungen, Kostenvorteil gegenüber der Miete, gute Altersvorsorge, höhere Lebensqualität sowie Schaffung eines bleibenden und vererbbaren Wertes.[216]

Unabhängig von der demografischen Entwicklung werden die ausländischen Migranten als wachsende Nachfragegruppe vom Bauträger zu beachten sein. Zur erfolgreichen Akquirierung dieser Kundengruppe gehört insbesondere die Förderung der Integration durch die Gemeinden und die Bauträger. Durch die Hilfestellung der Integration wird

---

[213] Vgl. Harriehausen, C. (2005) vom 04/2005, Nr. 16, S. 15; ebenso Höfling, M. (2005) vom 06/2005, Nr. 24, S. 46.
[214] Vgl. GdW (Hrsg.) (2003), S. 61.
[215] Vgl. LBS (Hrsg.) (2005), S. 39.
[216] Vgl. ebenda, S. 45.

eine Überforderung der Nachbarschaft vermieden und verhindert eine gleichzeitige Vertreibung einer anderen Zielgruppe. Aus der Weiterentwicklung des Wohnumfeldes bzw. durch das Quartiermanagement ergibt sich für Bauträger aus sozial- und städtebaulicher Sicht ein erweitertes Aufgabenfeld.[217]

Unternehmen wandern zunehmend in Ballungszentren, in denen ausreichend qualifizierte Arbeitskräfte vorhanden sind. Haushalte in ländlichen bzw. strukturschwachen Regionen werden dazu gezwungen sich nach der Mobilität der Unternehmen zu richten. Durch die höheren Mobilitätsanforderungen insbesondere an die jüngere Bevölkerung erfolgt ein höherer Umschlag der Wohnimmobilien in den Ballungszentren. Nach Einschätzung von Fachleuten führt dies zu größeren Preisschwankungen. Aus diesem Grund gilt auch hier bei den Neubauprojekten der Leitspruch der Immobilie „Lage, Lage, Lage".

Das Eigentumserwerbspotenzial der Bevölkerung wird demografisch bedingt längerfristig zurückgehen. Bis zum Zeitraum 2015 bis 2020, in welchem die Haushaltszahlen anfangen, voraussichtlich zurückzugehen, wird es noch ein beachtliches geschäftliches Potenzial für Bauträgerunternehmen geben. Um erfolgreich am Markt teilnehmen zu können, werden die zielgruppenspezifischen sowie marktgerechten Wohnungsangebote zum Dreh- und Angelpunkt, um sich als Bauträger im zunehmenden Wettbewerb zu behaupten.[218]

In Folge der demografisch, ökonomisch und sozioökonomisch unterschiedlichen Entwicklung ist eine eindeutige Analyse der regionalen Marktsituationen von besonderer Bedeutung, um ein Bauträgerunternehmen zukunftsweisend am Wohnimmobilienmarkt zu positionieren.

Nach dem Vizepräsidenten des Immobilienverbandes Deutschland (IVD) Herr Schick sollte bei der Investitionsentscheidung auf prosperierende Wirtschaftsräume gesetzt werden. Zu den Räumen gehören insbesondere München/Starnberg, die Wirtschaftsmetropole Fürth-Nürnberg-Erlangen und der Raum Stuttgart und Ulm.[219] „Ballungsgebiete bieten die besten Entwicklungsperspektiven und sind somit die Regionen mit der größten Nachfrage nach Wohnraum." In Ziffer 6.2 „Standortwahl" erfolgt eine Auswertung

---

[217] Vgl. Harriehausen, C. (2005) vom 04/2005, Nr. 16, S. 15
[218] Vgl. LBS (Hrsg.) (2005), S. 16.
[219] Vgl. Höfling, M. (2005) vom 06/2005, Nr. 24, S. 46.

der Analyse des süddeutschen Raumes auf Basis der in dieser Arbeit ermittelten Faktoren.[220]

[220] LBS (Hrsg.) (2005), S. 16.

7. Standortwahl

„Die **Standort- und Marktanalyse** kann als objektive, methodisch orientierte, fachlich fundierte Untersuchung für eine Immobilieninvestition definiert werden. Dazu gehört das systematische Sammeln, Gewichten und Bewerten von direkt und indirekt mit der künftigen Entwicklung einer Immobilie im Zusammenhang stehenden Informationen."[221] Ferner gehören dazu Informationen über den Standort sowie den Nachfrage- und Angebotsmarkt.[222]

Grundlage für die im Anhang aufgeführte Standortanalyse sind die in der Arbeit aufgeführten Faktoren und deren Wirkung auf den Nachfragemarkt und die Preisentwicklung von Wohnimmobilien. Die Analyse verfolgt das Ziel, den Standort mit den besten Zukunftsperspektiven für Wohnbauinvestitionen eines Bauträgers zu ermitteln. Dabei wurde der Fokus auf die verschiedenen Landkreise und kreisfreien Städte der Bundesländer Bayern und Baden-Württemberg gelegt.[223]

Zu den analysierten Faktoren zählen: Einwohnerzahl und -dichte, Einwohner-Arbeitsplatzdichte, Bevölkerungsentwicklung von 1995 bis 2002 sowie Bevölkerungsprognose 2000 bis 2020, Anzahl der Singlehaushalte, Anteil der 30- bis unter 50-Jährigen, der 50- bis unter 65-Jährigen und der 65-Jährigen und Älteren, Beschäftigungsentwicklung 1995 bis 2002, Beschäftigtenquote, Arbeitslosenquote, Bruttoinlandsprodukt je Einwohner, Baulandpreise, Durchschnittspreise von Eigentumswohnungen, fertiggestellte Wohnungen von 1995 bis 2002 sowie Baugenehmigungen 2002. Die meisten Daten sind Zahlen aus dem Jahre 2002.

Die Auswertung der Faktoren erfolgt nach einem „Fünf-Punkte-System" von eins bis fünf. Somit erhält jeder Faktor und jeder Landkreis bzw. jede kreisfreie Stadt einen Wert, der schließlich in einer Rangliste sortiert wird. Je höher dieser Durchschnittswert Wert ist, desto attraktiver wird der Standort für einen Bauträger. Die Auswertung kommt zu folgendem Ergebnis:

Bayern und Baden-Württemberg liegen beim Gesamtergebnis in etwa gleich auf. Bayern bietet zwar grundsätzlich bei den kreisfreien Städten die besseren Perspektiven, wohingegen Baden-Württemberg bei den Landkreisen die besseren Chancen bietet.

---

[221] Gondring, H. (Hrsg.) (2004), S. 258.
[222] Vgl. ebenda.
[223] Vgl. Anhang 8: Standortanalyse von Süddeutschland - Datensammlung, S. 77 ff.

7.1.1. Kreisfreie Städte

Die besten Zukunftschancen **kreisfreier Städte** in Süddeutschland bietet Bayern mit den Städten Ingolstadt und Regensburg. Mit einer gesunden Bevölkerungsstruktur, hervorragenden demografischen Prognosen und einem hohen BIP-pro-Kopf[224] bieten die beiden Mittelstädte mit ihren jeweils rund 120 Tsd. Einwohnern die besten Perspektiven für das Bauträgergeschäft. Ingolstadt profitiert wesentlich stärker von der demografischen Entwicklung als Regensburg, allerdings bietet Regensburg eine günstigere Preisstruktur.[225]

Regensburg hat relativ preiswertes Bauland[226] mit 200 €/m² (im Jahr 2005), wobei durchschnittlich Preise von 2.350 €/m² mit Eigentumswohnungen erzielt werden können. Obwohl in Ingolstadt die Baulandpreise mit 300 €/m² wesentlich höher liegen, werden mit 2.200 €/m² durchschnittlich niedrigere Quadratmeterpreise erzielt.

Die schlechtesten Perspektiven bieten die kreisfreien Städte Pforzheim, Hof und Mannheim. Sie sind im Wesentlichen von einem Bevölkerungsrückgang, einer negativen Beschäftigtenentwicklung und einer überalterten Gesellschaft geprägt.

Rang	kreisfreie Städte	Bewertung
1.	Ingolstadt	4,3
2.	Regensburg	4,1
3.	Ulm	3,4
4.	Erlangen	3,4
32.	Mannheim	2,1
33.	Hof	2,1
34.	Pforzheim	1,9

Tabelle 5: Ranking der kreisfreien Städte

7.1.2. Landkreise

Bei den verschiedenen **Landkreisen** bieten Starnberg, München und Altötting die besten Perspektiven. Diese Kreise gehören zu den bedeutendsten Wirtschaftsregionen in Deutschland. Aufgrund der vielfältigen Unternehmenslandschaft und der wachsenden Nachfrage nach Arbeitskräften profitieren sie überproportional von der Bevölkerungs-

---

[224] Vgl. Anhang 10: BIP-pro-Kopf in Süddeutschland, S. 85; ebenso Anhang 11: Entwicklung der Arbeitslosenquote 1995 bis 2003, S. 86.

[225] Vgl. Anhang 9: Standortanalyse von Süddeutschland - Ergebnisse, S. 81 ff.

[226] Vgl. Anhang 12: Entwicklung der Baulandspreise von 1995 bis 2002, S. 87.

wanderung. Starnberg, München und Altötting verfügen neben einigen wenigen Landkreisen über das höchste BIP-pro-Kopf in Süddeutschland. Auffallend ist, dass es sich hier nur um bayerische Landkreise handelt. Die Landkreise aus Baden-Württemberg liegen mit ihrer Bewertung schwerpunktmäßig im Mittelfeld und sind nicht bei den drei besten Landkreisen Süddeutschlands vertreten.[227]

Ähnlich negativ wie die kreisfreien Städte mit den schlechtesten Zukunftsperspektiven entwickeln sich die Landkreise Neustadt an der Waldnaab, Freyung-Grafenau, Bayreuth, Garmisch-Partenkirchen, Sigmaringen und Tirschenreuth.

Rang	Landkreise	Bewertung
1.	Starnberg	3,65
2.	München	3,59
3.	Altötting	3,47
101.	Tirschenreuth	2,12
102.	Sigmaringen	2,12
103.	Garmisch-Partenkirchen	2,12
104.	Bayreuth	2,12
105.	Freyung-Grafenau	2,06
106.	Neustadt a.d.Waldnaab	1,88

Tabelle 6: Ranking der Landkreise

---

[227] Vgl. Anhang 9: Standortanalyse von Süddeutschland - Ergebnisse, S. 81 ff.

8. Schlussfolgerung für den Bauträger

8.1. Beispielrechnung einer Bauträgertätigkeit

Der Wert einer Immobilie wird maßgeblich von seinem Standort beeinflusst. In Süddeutschland fällt der Preisunterschied im Stadt-Land-Gefälle nicht so stark aus wie im Norden oder Osten Deutschlands. Grundsätzlich gilt für das durchschnittliche Preisniveau: Ein höherer Wohlstand bringt höhere Immobilienpreise.[228]

Das Ergebnis einer Regressionsrechnung der Deutschen Bank Research zeigt den großen Einfluss verschiedener Konstanten wie BIP-pro-Kopf, Entwicklung der Einwohnerzahlen und Veränderung des Wohnflächenbestandes auf den Immobilienpreis. Die Preise für Eigentumswohnungen nehmen also um rund 0,17 % zu, wenn das BIP-pro-Kopf um 1 % zulegt. Ein Anstieg der Einwohnerzahl um 1 % führt zu einem Preisauftrieb von 1,5 % und ein Anstieg des Wohnungsangebotes um 1 % lassen die Preise um 0,78 % sinken.[229]

Nach Angaben der Deutschen Bank Research werden die Wohnungspreise real um 0,5 % p.a. zunehmen. Nominal, also exklusive der Inflationsrate, beträgt der Wertzuwachs dann zwischen 1 % und 2 %.[230] Nach Ansicht von Fachleuten wird sich die teilweise geäußerte Befürchtung von fallenden Immobilienpreisen im Allgemeinen unter das heutige Niveau bis zum Jahr 2040 nicht bewahrheiten. Grund hierfür ist die Zahl der Haushalte, die sich bis 2020 wahrscheinlich noch erhöhen wird und erst 2040 das heutige Niveau erreicht.[231]

Nach Beobachtungen der LBS werden z.B. Eigentumswohnungen derzeit nur noch an besonders attraktiven Standorten errichtet. In großen Ballungsregionen gelten sie als Alternative zum Eigenheim. Der Markt beim Eigenheimbau hat sich deutlich beruhigt und ist dabei, sich weiter zu stabilisieren. Im Gegensatz zu anderen Teilen der Bundesrepublik werden in Süddeutschland die höchsten **Quadratmeterpreise** erzielt. So liegt die Preisspanne für Eigentumswohnungen in Groß- und Mittelstädten zwischen 1.930 €/m² und 2.410 €/m², was einem Schnitt von 2.140 €/m² entspricht (Die Preisspanne in Ostdeutschland liegt beispielsweise zwischen 1.100 €/m² und 1.590 €/m²).[232]

---

228 Vgl. LBS (Hrsg.) (2005), S. 6 f.
229 Vgl. Just, T./Reuther, S. (2005), 18.
230 Vgl. ebenda, S. 16.
231 Vgl. Harriehausen, C. (2005), 04/2005, Nr. 16, S. 15
232 Vgl. LBS (Hrsg.) (2005), S. 10.

Für die Rentabilität des Bauträgergeschäftes sind maßgeblich bei gleichbleibendem Verkaufspreis die Kosten von Bedeutung. Die Kosten sind deshalb so niedrig wie möglich zu halten, um den Ertrag zu maximieren.[233]

Um eine Aussage über die Rendite eines Bauträgergeschäftes treffen zu können, ist eine Einnahmen-/Ausgabenkalkulation erforderlich. Im Folgenden zeigt eine Kurzübersicht einer Projektkalkulation beispielhaft die Renditeberechnung eines Bauträgers. Im Anhang ist eine detaillierte Berechnung aufgeführt. Das Beispiel stellt ein Wohnbauprojekt mit Eigentumswohnungen am Stadtrand von München dar, das innerhalb eines Jahres, gebaut und verkauft wird und zwar drei Monate nach dem Grundstückserwerb.[234]

Eckdaten		
Grundstück	500 €/m² pro GF	1.500 m²
Aussenanlagen	80 €/m²	1.100 m²
GF o.i.		1.800 m²
GF u.i.	Tiefgarage/Keller/Technik	501 m²
Wohneinheiten		21 WE
Dublexgarage		21 Stpl.
Kalkulation		
Grundstückskosten		977.000 €
Baukosten		3.473.000 €
Finanzierungskosten	80% FK-Anteil	145.000 €
Herstellkosten	2.553 €/m² GF	**4.595.000 €**
Verkaufserlös	3.410 €/m² pro WE	
	12.000 €/m² pro Stpl.	**5.286.189 €**
Ertrag		**691.189 €**
Rendite		**15,04%**

Tabelle 7: Kurzübersicht: Projektkalkulation Stadtrand München[235]

Das Objekt wird zu 80 % fremdfinanziert. Je zügiger der Verkauf der Eigentumswohnungen stattfindet, desto geringer fallen die Finanzierungskosten aus. Dadurch kann die Rendite des Projektes weiter erhöht werden.

8.2. Zusammenfassung der Arbeit

Aufgrund der schwachen konjunkturellen Erholung sowie der derzeit unsicheren Zukunftserwartung in Deutschland ist nicht mit einem kurzfristigen Boom auf der Nach-

---

[233] Vgl. Schwanenflug, C. (2005): Ökonomische Gründe der Wohnungskrise ausgeblendet, in: Immobilien Zeitung vom 04/2005, Nr. 8, S. 25.

[234] Vgl. Anhang 13: Projektkalkulation Stadtrand München, S. 88.

[235] Eigene Darstellung in Anlehnung an (Anhang 13: Projektkalkulation Stadtrand München, S.88).

frageseite nach Wohnimmobilien bzw. Eigentumswohnungen zu rechnen. Entgegen der gesamtdeutschen Marktlage befinden sich einige Teilmärkte, insbesondere in Bayern und Baden-Württemberg, in einer guten Ausgangssituation. Die Immobilienpreise und Zinsen in Deutschland befinden sich auf einem historischen Tiefpunkt und bieten daher eine gesunde Grundlage für einen Umschwung im Wohnimmobilienmarkt. Rückblickend, zieht die Nachfrage nach Eigentumswohnungen und Wohnräumen oftmals mit steigenden Zinsen und einer steigenden Inflation wieder an.[236]

Bei Betrachtung der wirtschaftlichen, demografischen und sozioökonomischen Faktoren gibt es eindeutige Gewinner- und Verliererregionen. Die Diskrepanzen zwischen diesen Regionen, insbesondere zwischen Stadt und Land, werden sich zum einen im Laufe der Zeit weiter verstärken und zum anderen werden sich regional sehr unterschiedliche Dynamiken entwickeln.[237]

Die Eigentumswohnung hat in den südlichen Bundesländern einen sehr hohen Stellenwert und befindet sich dort in einem Wachstumsmarkt. Bei Investitionsentscheidungen sollte der Bauträger seinen Schwerpunkt auf Städte und Ballungsgebiete mit mehr als 20.000 Einwohnern legen. Diese bieten aufgrund der positiven Haushaltsentwicklung bis 2020 zumindest, neben anderen Faktoren, ein Zukunftspotenzial. Großstädte mit über 500.000 Einwohnern und Kommunen mit weniger als 20.000 Einwohnern sind weniger attraktiv.

Der Fokus eines Investments sollte auf die wirtschaftlichen Ballungsgebiete gelegt werden. Zwar sind die Kosten – insbesondere die Baulandpreise – in diesen Regionen höher, dafür finden die Eigentumswohnungen und Einfamilienhäuser einen sicheren Absatzmarkt. Strukturschwache Gegenden sollten gemieden werden, da sich die Wohnbevölkerung in diesen Gebieten sukzessive reduzieren wird.[238]

Bei der Standortwahl ist jedoch nicht immer die Größe einer Stadt entscheidend, sondern auch das Angebot von Versorgungseinrichtungen (Ärzte, Krankenhäuser), Infrastruktur, Verkehrsanbindungen, sozialen und kulturellen Einrichtungen, Freizeitmöglichkeiten und Arbeitsplätzen. Dazu zählen insbesondere Kurorte, die in der Regel über weniger Einwohner verfügen, jedoch aufgrund ihres vielfältigen Angebotes besonders

---

[236] Vgl. Schmitt, T. (2005) vom 06/2005, Nr. 26, S. 41.
[237] Vgl. Rehmann, H. (2005) vom 02/2005, Nr. 47, S. 51.
[238] Vgl. Schmitt, T. (2005) vom 06/2005, Nr. 26, S. 41.

attraktiv für die Menschen sind. Die im Anhang aufgeführte Standortanalyse zeigt – wie bereits in Ziffer 7. dargestellt – die Standorte mit den besten Zukunftschancen.[239]

Im Zuge der demografischen Entwicklung kommt es zu einer Zunahme der Ungleichheiten sowie zu einer fortschreitenden Spaltung der Gesellschaft. Daraus ergibt sich für die Wohnimmobilie und Eigentumswohnung eine Schere in ein „hochpreisiges“ sowie ein „niedrigpreisiges“ Segment.

Die Kernzielgruppe der Eigentumswohnung richtet sich primär nach dem verfügbaren Einkommen und liegt zum einen bei den 35- bis 45-Jährigen (Familiengründern) und zum anderen bei den über 60-Jährigen, den Senioren. Mit höherem verfügbarem Haushaltseinkommen wächst die Nachfrage nach Wohneigentum und in diesem Zusammenhang auch die Größe der Wohnung.[240]

Tendenziell werden die Haushalte immer kleiner (Singularisierung der Haushalte) bei einem gleichzeitigen Anstieg der Wohnfläche pro Haushalt. Darüber hinaus werden die Anforderungen an den Neubau weiter zunehmen (Individualitätsansprüche müssen erfüllt werden). Entscheidend ist die langfristige Tragfähigkeit der Wohnungsbaumodelle. Die Wohnung muss sich flexibel den verschiedenen Lebensalterphasen, insbesondere an das seniorengerechte Wohnen anpassen können. Dazu ist eine intelligente Strukturierung der Wohnungsgrundrisse (bei denen Räume je nach Nutzungserfordernissen veränderbar sind) und eine behinderten- und altengerechte Bauplanung sowie die Zugangs- und Zufahrtsmöglichkeiten einschließt, erforderlich.[241]

Langfristig wird die Integration von Zuwanderern zu einem wichtigen Bestandteil des erfolgreichen Bauträgergeschäftes werden. Wenn die ausländischen Zuwanderer von den örtlichen Einwohnern akzeptiert werden, können beide Zielgruppen als Käufer erschlossen werden, da sich sonst immer eine Zielgruppe ausschließt.

---

[239] Vgl. Anhang 9: Standortanalyse von Süddeutschland - Ergebnisse, S. 81 ff

[240] Vgl. GdW (Hrsg.) (2005), S. 27.

[241] Vgl. GEWOS (Hrsg.) (2004): Frei finanzierter Mietwohnungsneubau. Endbericht, S. 54.

Anhang

Anhang 1: Entwicklung der Hypothekenzinsen 1994 bis 2005[242]

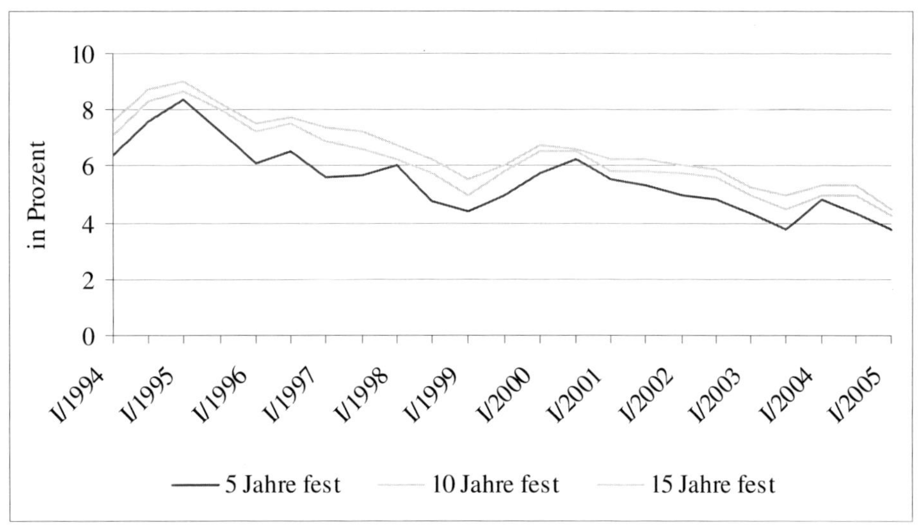

Anhang 2: Anteil der Bauherren am Wohnungsneubau[243]

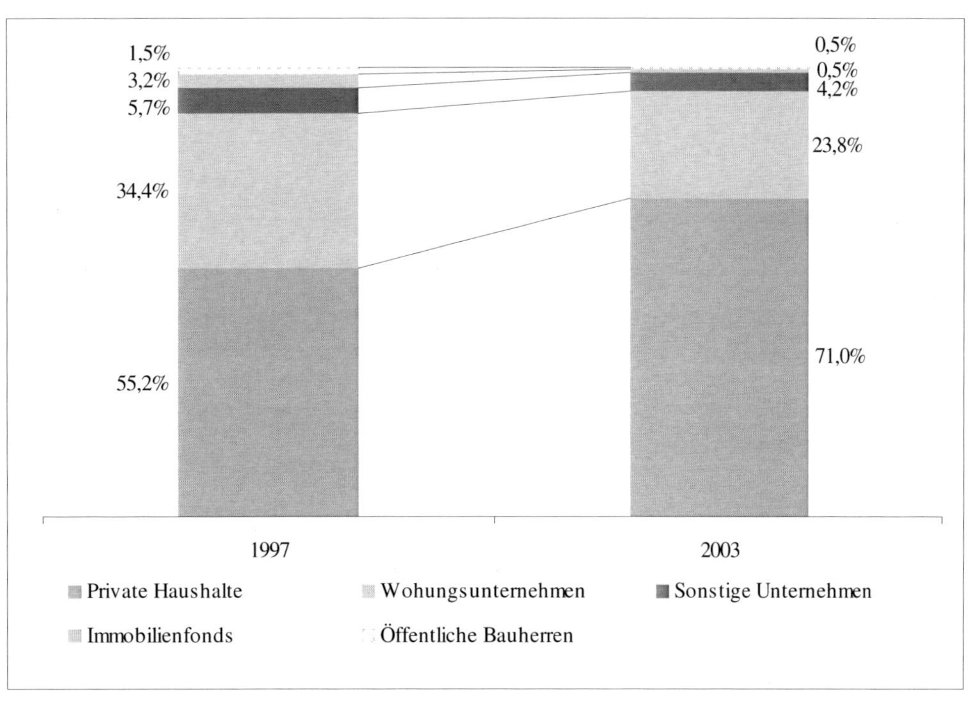

---

242 Eigene Darstellung in Anlehnung an (o. V. (2005): Hypothekenvergleich: 5 J., 10 J. und 15 J., http://www.fmh.de/home/grafiken/grafik/grafik_entwicklung8.html, 06.07.2005).

243 Eigene Darstellung in Anlehnung (an GdW (Hrsg.) (2003), S. 29; ebenso Statistisches Bundesamt (Hrsg.) (2004): Bautätigkeit und Wohnungen, S. 21).

Anhang 3: Baugenehmigungen vs. Baufertigstellungen[244]

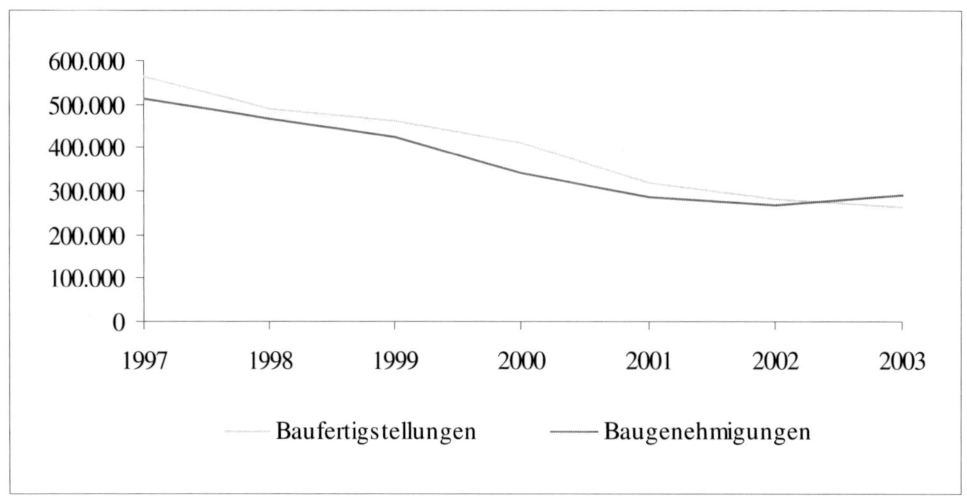

Anhang 4: Entwicklung der Bevölkerungszahl in Deutschland[245]

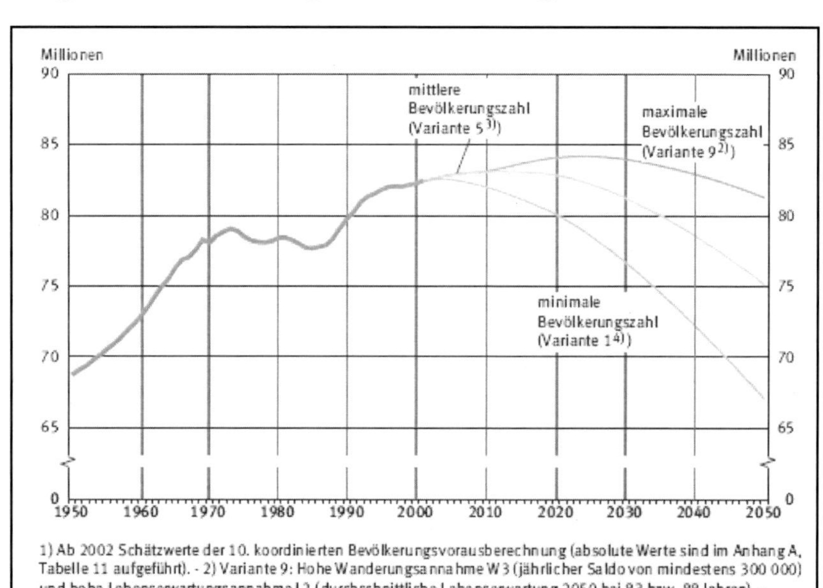

1) Ab 2002 Schätzwerte der 10. koordinierten Bevölkerungsvorausberechnung (absolute Werte sind im Anhang A, Tabelle 11 aufgeführt). - 2) Variante 9: Hohe Wanderungsannahme W3 (jährlicher Saldo von mindestens 300 000) und hohe Lebenserwartungsannahme L2 (durchschnittliche Lebenserwartung 2050 bei 83 bzw. 88 Jahren). - 3) Variante 5: Mittlere Wanderungsannahme W2 (jährlicher Saldo von mindestens 200 000) und mittlere Lebenserwartungsannahme L2 (durchschnittliche Lebenserwartung 2050 bei 81 bzw. 87 Jahren). - 4) Variante 1: Niedrige Wanderungsannahme W1 (jährlicher Saldo von mindestens 100 000) und niedrige Lebenserwartungsannahme L1 (durchschnittliche Lebenserwartung 2050 bei 79 bzw. 86 Jahren).

---

[244] Eigene Darstellung in Anlehnung an (Statistisches Bundesamt (Hrsg.) (2004): Bautätigkeit und Wohnungen, S. 9-11).

[245] Vgl. Statistisches Bundesamt (Hrsg.) (2003): Bevölkerung Deutschlands bis 2050. 10. koordinierte Bevölkerungsvorausberechnung, S. 26.

Anhang 5: Altersstruktur in Deutschland[246]

Prognose der Altersstruktur mit drei unterschiedlichen Szenarien

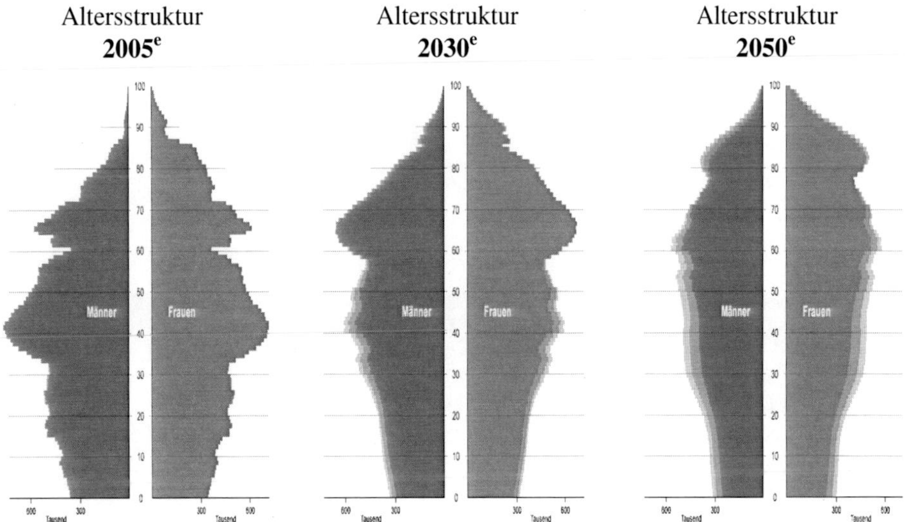

Bevölkerung insgesamt:

	2005	2030	2050
Junges Szenario:	82,8 Mio.	82,6 Mio.	78,5 Mio.
Mittleres Szenario:	82,9 Mio.	81,2 Mio.	75,1 Mio.
Altes Szenario:	82,6 Mio.	78 Mio.	69,7 Mio.

246 Eigene Darstellung in Anlehnung an (o. V. (2005): Bevölkerungsentwicklung, http://www.destatis.de, 05.08.2005).

Anhang 6: Privathaushalte nach Gemeindegrößenklassen[247]

Privathaushalte insgesamt nach Gemeindegrößenklassen	2000	2004	Differenz	Veränderung
unter 5.000	5.769	5.691	-78	-1,4%
5.000 - 10.000	3.893	3.961	68	1,7%
10.000 - 20.000	5.157	5.406	249	4,8%
20.000 - 50.000	6.677	7.001	324	4,9%
50.000 -100.000	3.385	3.550	165	4,9%
100.000 - 200.000	2.912	3.042	130	4,5%
200.000 - 500.000	4.011	3.984	-27	-0,7%
500.000 und mehr	6.320	6.487	167	2,6%

Einpersonenhaushalte nach Gemeindegrößenklassen	2000	2004	Differenz	Veränderung
unter 5.000	1.538	1.577	39	2,5%
5.000 - 10.000	1.130	1.214	84	7,4%
10.000 - 20.000	1.582	1.710	128	8,1%
20.000 - 50.000	2.247	2.426	179	8,0%
50.000 -100.000	1.295	1.360	65	5,0%
100.000 - 200.000	1.210	1.311	101	8,3%
200.000 - 500.000	1.759	1.806	47	2,7%
500.000 und mehr	2.990	3.161	171	5,7%

Mehrpersonenhaushalte nach Gemeindegrößenklassen	2000	2004	Differenz	Veränderung
unter 5.000	4.232	4.114	-118	-2,8%
5.000 - 10.000	2.763	2.747	-16	-0,6%
10.000 - 20.000	3.574	3.695	121	3,4%
20.000 - 50.000	4.430	4.575	145	3,3%
50.000 -100.000	2.090	2.190	100	4,8%
100.000 - 200.000	1.702	1.731	29	1,7%
200.000 - 500.000	2.252	2.177	-75	-3,3%
500.000 und mehr	3.331	3.327	-4	-0,1%

[247] Eigene Darstellung in Anlehnung an (Statistisches Bundesamt (Hrsg.) (2005): Bevölkerung und Erwerbstätigkeit. Ergebnisse des Mikrozensus 2004, S. 13 ff).

Anhang 7: Standortanalyse von Süddeutschland - Datensammlung[248]

Raumbezug	Aggregat	Schlüssel	Einwohner in 1.000 2002	Einwohner dichte 2002 (je km²)	Ländlichkeit 2002 (Anteil der Bevölkerung in Gemeinden mit einer Bevölkerungsdichte von <150 E/km²	Einwohner Arbeitsplatzdichte 2002	Bevölkerungsentwicklung 1995-2002 in %	Bevölkerungsprognose 2000-2020	Singlehaushalte 2001 in % aller Haushalte	30 bis unter 50jährige (1995-2002) in %	50 bis unter 65jährige (1995-2002) in %	65jährige und ältere (1995-2002) in %
Kreisfreie Städte	Amberg	09361	44	888	0	1.333	1,9	-0,1	39,6	7,2	0,6	10,3
	Ansbach	09561	41	406	0	628	1,6	5,5	42,5	5	5	6
	Aschaffenburg	09661	69	1.099	0	1.712	3,5	-5,7	48,4	8,6	4,8	8
	Augsburg	09761	259	1.766	0	2.627	-0,2	0	45,2	7,6	-1,5	3,4
	Baden-Baden	08211	54	383	0	579	1,7	13,6	52	7,6	4,9	6,6
	Bamberg	09461	70	1.274	0	2.149	0,1	-4,4	48,2	9,5	-3,4	2,7
	Bayreuth	09462	75	1.114	0	1.706	2,1	-10,6	43,5	2,3	6,2	3,4
	Coburg	09463	43	883	0	1.463	3,4	-15,9	43,8	3,1	1,7	0,8
	Erlangen	09562	102	1.330	0	2.280	0,8	3,2	41,2	3,7	1,1	11,6
	Freiburg im Breisgau	08311	210	1.374	0	2.005	5,5	8	49,2	12,8	6,3	5
	Fürth	09563	112	1.765	0	2.456	3,1	6,2	43,4	8,4	2,2	6,4
	Heidelberg	08221	143	1.310	0	2.023	2,7	1,1	52,3	9,2	5,5	0,3
	Heilbronn	08121	121	1.208	0	1.808	-0,7	4,2	35,9	5,6	-4,7	9,8
	Hof	09464	50	864	0	1.282	-4,7	-14,2	42,9	-1,8	-0,5	2,9
	Ingolstadt	09161	118	888	0	1.442	5,8	13,5	31,5	9,9	2,3	13,6
	Karlsruhe	08212	281	1.622	0	2.501	2	3,4	47,9	10,4	-0,7	5
	Kaufbeuren	09762	43	1.066	0	1.438	-0,2	-3,4	45	3,6	3,6	3,5
	Kempten (Allgäu)	09763	62	974	0	1.451	-0,1	-1,6	47,9	4,6	2,7	4,9
	Landshut	09261	60	914	0	1.374	1,4	3,5	43,2	7,4	3,9	4
	Mannheim	08222	309	2.130	0	3.285	-0,8	-5,4	47,3	3,7	-1,7	6,2
	Memmingen	09764	41	586	0	928	1,3	4,4	42	4,8	2,7	7,6
	München	09162	1.235	3.977	0	6.214	0,1	2,8	52,6	3,4	1,1	4,7
	Nürnberg	09564	493	2.647	0	4.062	0,2	-6,3	48,1	5,5	-1,4	6,2
	Passau	09262	51	728	0	1.177	-0,1	-0,5	44,2	4,8	8,8	5,7
	Pforzheim	08231	119	1.212	0	1.727	0	5,8	43,9	4,4	3,5	10,9
	Regensburg	09362	128	1.585	0	2.729	1,7	2,2	49,2	9,4	0,3	1
	Rosenheim	09163	60	1.607	0	2.388	1,5	18,3	43,7	2,6	7,3	5,7
	Schwabach	09565	39	947	0	1.270	2,6	0,4	36	7,8	0,5	12,3
	Schweinfurt	09662	55	1.534	0	2.869	-1,9	-6,2	51,6	2	-2,4	4,1
	Straubing	09263	44	656	0	999	0,2	1,1	42,5	4,1	6	9,3
	Stuttgart	08111	589	2.838	0	4.553	0,5	-4,7	47,9	7,8	-4,1	6,5
	Ulm	08421	119	1.004	0	1.634	3	-4,8	39,6	8,9	5,2	6
	Weiden i.d.Opf.	09363	43	625	0	975	-0,9	-5,2	40,6	5	-0,3	6
	Würzburg	09663	132	1.503	0	2.372	3,4	6,6	54,7	4,6	-1	4,4
Kreise	Aichach-Friedberg	09771	126	161	40	197	6,5	5,1	24,7	11,6	8,4	22,7
	Alb-Donau-Kreis	08425	188	139	47	173	4,4	1,3	24,7	10,5	4	16,3
	Altötting	09171	110	192	26	261	3,5	4,4	31	8,8	4,4	13,2
	Amberg-Sulzbach	09371	109	87	66	107	3,3	3,7	27,5	9,8	0,7	18
	Ansbach	09571	184	93	72	119	3,2	5,1	26,3	10,3	4,2	14,8
	Aschaffenburg	09671	175	250	2	316	2,5	0,9	23,6	6,5	4	21,6
	Augsburg	09772	240	224	24	274	5,9	10	27,4	10,6	8,8	20,7
	Bad Kissingen	09672	109	96	65	124	0,1	9,4	30,7	5	5,7	10,2
	Bad Tölz-Wolfratshausen	09173	118	106	47	135	6,4	11,9	36,9	13,7	5,1	14,3
	Bamberg	09471	144	123	38	146	5,1	9,9	21,1	11,8	5,7	24
	Bayreuth	09472	109	86	80	104	1,7	-2,8	26	8,8	3,6	14,9
	Berchtesgadener Land	09172	101	121	29	156	2,4	3,1	40,1	9	8,1	6,9
	Biberach	08426	186	132	47	175	5,9	4,2	28,4	13,2	5,8	17,2
	Bodenseekreis	08435	202	305	8	409	4,9	14,8	36	9	9,3	16,1
	Böblingen	08115	370	599	0	860	5,5	4,7	31,4	11,4	0,5	26,2
	Breisgau-Hochschwarzwald	08315	245	178	26	225	6,3	8,5	33,4	10,5	11,3	20,7
	Calw	08235	161	202	16	253	2,6	-4,6	35,7	8,7	2,6	16,5
	Cham	09372	132	87	84	113	1,7	6,9	29,5	8,2	4,1	14,2
	Coburg	09473	92	156	31	206	1,2	-4,4	27,7	6,5	0,2	17,6
	Dachau	09174	132	228	26	277	8,3	16,5	31,6	12,6	8,8	19
	Deggendorf	09271	117	136	51	181	3,9	12,8	32,5	8,8	9,2	13,3
	Dillingen a.d.Donau	09773	95	120	48	153	4,6	5,9	23,4	10,7	6,4	14
	Dingolfing-Landau	09279	92	105	66	153	6,1	7,1	26	12,2	7,2	15,1
	Donau-Ries	09779	131	103	57	139	2,5	1	25,8	9,1	3,3	10,8
	Ebersberg	09175	122	221	19	274	10,4	16,7	31,7	17,1	5,8	25,5
	Eichstätt	09176	123	101	66	122	8,5	14,5	16,8	14,5	7,1	22,4
	Emmendingen	08316	155	227	17	288	5,5	3,2	33,5	10,8	6,9	18,6
	Enzkreis	08236	195	340	0	432	4,3	1,5	26,9	8,9	1,8	21,7
	Erding	09177	119	137	58	167	14,1	28,2	28,1	24,1	14,1	20,2
	Erlangen-Höchstadt	09572	131	231	10	291	5	5,9	25,9	5,8	11,4	26,6
	Esslingen	08116	510	794	0	1.079	3,9	1,1	34,8	9,1	0,1	19,8
	Forchheim	09474	113	176	39	212	3,3	0,8	22,4	7,9	4,2	19,5
	Freising	09178	157	197	33	278	11,1	13,4	29,1	20	11,1	22,3
	Freudenstadt	08237	122	140	32	188	2,6	15,4	33,6	12,4	-0,4	14,8
	Freyung-Grafenau	09272	83	84	100	105	0,7	0,6	29,2	5,5	5,1	17
	Fürstenfeldbruck	09179	197	454	8	542	6	6,7	32,7	9	5,4	24,6
	Fürth	09573	114	370	4	438	3,3	4,6	28,9	6,3	5,7	20,1
	Garmisch-Partenkirchen	09180	88	87	77	112	2,3	4,5	41	11,2	2	7,7

248 Vgl. LBS (Hrsg.) (2005): Markt für Wohnimmobilien, S. 49; ebenso o. V. (2005): Immobilienmarktinformation interaktiv, http://www.hvbexpertise.de, 15.08.2005.

Raumbezug	Aggregat	Schlüssel	Beschäftigten-entwicklung 1995-2002	Beschäftigtenquote 2002 je 100 Einwohner	BIP je Einwohner 2002 in 1.000 €	Arbeitslosen-quote 2003	Ø-Baulandpreise in € je m² 2005	Ø-Preise von Eigentumswohnungen (€/m² Wohnfläche 2005)	Fertiggestellte Wohnungen 1995-2002 (in %)	Baugenehmigungen für Wohnungen 2002 je 1000 Einwohner
Kreisfreie Städte	Amberg	09361	-9,4	80,7	38,4	12,9	90	1.950	-52,3	2,9
	Ansbach	09561	5,2	88,3	40,1	8,3	120	1.800	-48,5	4,1
	Aschaffenburg	09661	-0,8	87,5	44,3	9,7	245	1.750	-41,7	4,2
	Augsburg	09761	-0,4	76,1	39,4	11,4	260	2.200	-71	1,9
	Baden-Baden	08211	3,3	83,8	37	7,8	400	2.250	-76,5	1,4
	Bamberg	09461	6,1	108,9	51,1	10,7	110	1.800	-82,2	2,3
	Bayreuth	09462	-0,9	79,9	44,7	11,9	105	2.200	5	1,2
	Coburg	09463	0,1	106,1	38,7	13,7	75	1.700	-48,7	1,6
	Erlangen	09562	4,6	107,8	44,4	7,7	265	2.200	-70,9	1,9
	Freiburg im Breisgau	08311	7	66,4	36,4	9,3	450	2.600	-21,5	3,3
	Fürth	09563	4,3	60,6	37,3	11,1	290	1.800	-79,8	3,4
	Heidelberg	08221	6,7	77	40,8	7,5	600	2.800	-29,4	0,5
	Heilbronn	08121	-5	77,9	45,8	10,2	400	2.200	-44,3	2
	Hof	09464	-7,6	78,4	33,4	15,5	65	1.500	-81,8	2,5
	Ingolstadt	09161	17,6	96,6	54,5	8,2	300	2.200	0,1	7,1
	Karlsruhe	08212	3,5	81,9	46	9,2	400	2.300	-81,1	1,8
	Kaufbeuren	09762	-7,1	57,6	27,7	9,9	160	1.750	-50,4	2,8
	Kempten (Allgäu)	09763	0,5	79,1	37,2	8,6	280	2.000	-69,6	1,9
	Landshut	09261	-0,2	78,6	46,7	7,7	300	2.200	-51	3,7
	Mannheim	08222	-0,7	81,8	44,9	11,9	450	2.200	-81,3	1,3
	Memmingen	09764	2,9	93,9	38,8	8,4	130	1.900	-68,8	2,7
	München	09162	6,8	81,7	53	7,7	720	3.000	-38,2	4,3
	Nürnberg	09564	-1,9	81,7	41	13	340	2.250	-65,5	2,4
	Passau	09262	1,4	93,1	42,4	9,6	105	1.700	-4,8	2
	Pforzheim	08231	-11,6	67,7	32,1	11,1	410	1.900	-72,2	2,3
	Regensburg	09362	9,3	107,6	58	9,8	200	2.350	-54,6	3
	Rosenheim	09163	1,1	73,4	39,2	8,6	340	2.500	-19,8	3,3
	Schwabach	09565	-2,1	53,7	27,7	8,1	200	2.050	-49,5	3,3
	Schweinfurt	09662	8,7	143,8	59,5	12,1	140	1.700	-84,9	0,8
	Straubing	09263	6	81	38	9,2	150	2.000	-79,3	4,3
	Stuttgart	08111	3,3	89,6	56,2	8	700	2.800	-58,4	1,1
	Ulm	08421	1,2	95,1	47,9	8,2	260	2.300	-76,6	1,6
	Weiden i.d.Opf.	09363	-1,9	89,9	42,2	11,3	200	1.800	-71,3	3
	Würzburg	09663	-3,9	84,8	39,5	8,8	280	2.000	-39,4	2
Kreise	Aichach-Friedberg	09771	1,8	35,4	20,5	6	250	1.500	-41,7	4,9
	Alb-Donau-Kreis	08425	7,6	39,9	20,5	5,7	220	2.000	-46,3	4,1
	Altötting	09171	4,7	56,8	33,2	7,3	200	1.750	-64,6	2,7
	Amberg-Sulzbach	09371	9,2	36,8	17,4	8,4	165	1.950	5,5	3,2
	Ansbach	09571	3,1	44,5	20,3	6,2	140	1.800	-44,5	3,9
	Aschaffenburg	09671	4,3	41,7	20,4	6,6	300	1.750	-51,1	3
	Augsburg	09772	4,3	35,4	20,5	6,5	280	1.850	-70,1	4,4
	Bad Kissingen	09672	-4,5	47,2	21	8,7	100	1.600	-58,9	3,5
	Bad Tölz-Wolfratshausen	09173	2,4	42,6	23,2	5,9	410	2.700	20,8	5,9
	Bamberg	09471	5,4	29,1	15	7	250	2.350	-49	4,1
	Bayreuth	09472	-10	33,3	15,2	7,7	105	2.150	-58,7	3,3
	Berchtesgadener Land	09172	-6,8	46,9	22,1	5,6	210	2.100	-61,5	1,9
	Biberach	08426	6,3	53	26,1	5,5	140	2.200	-66	4,5
	Bodenseekreis	08435	6,4	54,1	29,9	5,7	230	1.950	-52,5	3,3
	Böblingen	08115	12	66,9	40,5	6,1	480	2.300	-59,2	3,6
	Breisgau-Hochschwarzwald	08315	5	41,5	19,4	5,6	250	2.100	-42,2	3,7
	Calw	08235	-3,6	40,4	18,5	5,6	140		-67,3	3
	Cham	09372	3,1	48	20,9	7,5	50		-16,9	3,3
	Coburg	09473	-9,7	51,9	24,2	10,9	75	1.700	-57,8	2,8
	Dachau	09174	16,7	32,8	19,5	5,3	340	2.600	-51,4	7,1
	Deggendorf	09271	0,3	51,9	24,7	7,1	90	1.550	-53	3,4
	Dillingen a.d.Donau	09773	-1,2	44,9	19,8	5,4	100		-71,6	2
	Dingolfing-Landau	09279	17,2	73,6	40,4	4,3	60		-23,3	2,9
	Donau-Ries	09779	5,4	56,9	24,9	4,8	60		-57,6	3,3
	Ebersberg	09175	20	36,7	19,8	5	430	2.800	-21,7	6
	Eichstätt	09176	17,2	34,1	16,9	3,9	138		2,7	5,9
	Emmendingen	08316	1,5	42,4	19,7	6,2	350	2.100	-64,1	3,8
	Enzkreis	08236	8,2	43,6	19,8	6,3	190		-70,7	3,3
	Erding	09177	10,1	33,6	19,3	4,2	300	2.300	-54	6,6
	Erlangen-Höchstadt	09572	20,8	40,4	19,7	5,6	250	2.200	-54,4	3,6
	Esslingen	08116	1,5	55,6	29,4	5,2	450	2.350	-54,5	2,7
	Forchheim	09474	3,3	31,7	15,4	6,6	160	1.900	-31,8	3,8
	Freising	09178	24,8	61,9	39,3	4,6	250	2.600	-27,8	6,6
	Freudenstadt	08237	4,4	54	24,3	5,7	200	2.500	-64,3	2,4
	Freyung-Grafenau	09272	-10,1	40,7	17,3	8,5	50		-42,6	2,6
	Fürstenfeldbruck	09179	1,8	29,4	17,4	5,8	380	2.500	-11	5,8
	Fürth	09573	0,8	28,1	16,1	6,6	230	1.800	-58,4	3,3
	Garmisch-Partenkirchen	09180	-6,1	46,4	21,1	5	400	3.300	-56,8	2,8

249 Vgl. Bundesamt für Bauwesen und Raumordnung (Hrsg.) (2004): Indikatoren und Karten zur Raumentwicklung - Ausgabe 2004, in: INKAR-CD, Berlin.

Raumbezug	Aggregat	Schlüssel	Einwohner in 1.000 2002	Einwohner-dichte 2002 (je km²)	Ländlichkeit 2002 (Anteil der Bevölkerung in Gemeinden mit einer Bevölkerungsdichte von <150 E/km²	Einwohner-Arbeitsplatzdichte 2002	Bevölkerungsentwicklung 1995-2002 in %	Bevölkerungsprognose 2000-2020	Singlehaushalte 2001 in % aller Haushalte	30 bis unter 50jährige (1995-2002) in %	50 bis unter 65jährige (1995-2002) in %	65jährige und ältere (1995-2002) in %
Kreise	Göppingen	08117	259	402	7	526	1,3	-9,4	33	7	0,1	13,6
	Günzburg	09774	123	161	36	214	2,5	2,2	26,6	10,4	2,9	12,2
	Haßberge	09674	88	92	70	118	1,5	-1,1	27,5	6,5	4,1	13,2
	Heidenheim	08135	137	218	25	296	-0,3	-3,8	33,3	6,4	-3,7	13,8
	Heilbronn	08125	326	297	5	387	7,5	11	24,9	13,5	6,6	21,3
	Hof	09475	108	121	56	159	-2,2	-13,1	27,1	4,2	-5	10
	Hohenlohekreis	08126	110	141	41	195	5	5,9	30,1	12,3	4,6	16,4
	Karlsruhe	08215	426	392	0	507	4,9	3,2	28,9	7,7	5,3	22
	Kelheim	09273	112	105	46	134	7,7	12,8	25,4	14,1	8,4	17,7
	Kitzingen	09675	89	131	39	169	2,2	4,1	32,3	10	6,5	12,2
	Konstanz	08335	271	332	12	433	4,9	9,3	42,8	11,2	2	14,6
	Kronach	09476	75	115	58	156	-2,5	-15,3	26,7	4,8	-5,3	12
	Kulmbach	09477	78	119	52	157	-0,2	-5,6	29	4,7	2,4	10,4
	Landsberg a.Lech	09181	109	136	50	169	9,5	19,9	26,5	14,9	14,8	16,7
	Landshut	09274	146	108	75	135	9,3	18,7	22,8	15	13,3	19,4
	Lichtenfels	09478	71	137	32	187	0,7	-7,6	28,5	7,3	-0,7	13,9
	Lindau (Bodensee)	09776	78	242	20	320	3,2	4,5	43,4	12,9	3,4	7,6
	Lörrach	08336	221	273	14	357	4	2,3	39,2	10,4	0,1	17,6
	Ludwigsburg	08118	507	738	0	983	4,4	7,5	33,2	10,1	-0,5	22,6
	Main-Spessart	09677	132	100	33	131	0,7	-7,4	24,1	5,7	4	13,8
	Main-Tauber-Kreis	08128	137	105	45	140	0,3	-5,3	29,5	5,5	5,4	9,1
	Miesbach	09182	93	108	48	139	5,3	7	38,7	13,6	4,7	12,2
	Miltenberg	09676	132	184	21	235	2,6	-1,4	23,7	9	3,1	19,3
	Mühldorf a.Inn	09183	111	137	48	175	4,5	9,3	28,6	10,2	6,4	11,2
	München	09184	303	454	4	699	8,7	9,9	35,8	13	5,5	25,1
	Neckar-Odenwald-Kreis	08225	151	134	63	170	2,8	-2,9	28,8	9,2	4,6	13,5
	Neuburg-Schrobenhausen	09185	91	123	46	157	5,6	11,3	22	10,9	6,5	15,6
	Neumarkt i.d.Opf.	09373	128	95	63	123	6,2	11,5	22,8	14,7	8,2	19,8
	Neustadt a.d.Aisch-Bad W.	09575	100	79	71	98	4,8	5,4	24,9	11,9	5,6	11,7
	Neustadt a.d.Waldnaab	09374	101	71	76	88	1,8	-6,5	26,6	9,6	0,7	15
	Neu-Ulm	09775	162	315	6	416	3,2	-5,9	30,1	7,5	4,9	16,9
	Nürnberger Land	09574	169	211	16	267	1,6	-4,2	29,7	6,1	2,7	16
	Oberallgäu	09780	149	97	65	124	3	-2,1	36,7	9	8,3	11,5
	Ortenaukreis	08317	413	222	16	302	3,5	-2,5	37,3	9,7	3,1	16,3
	Ostalbkreis	08136	317	209	22	277	1,7	-2,7	31	8,4	1,1	13,7
	Ostallgäu	09777	133	95	57	123	4,8	-1,7	32,1	11,7	9,5	9,9
	Passau	09275	188	123	59	155	3,3	1,7	30,8	9,4	9,6	16,5
	Pfaffenhofen a.d.Ilm	09186	114	150	39	186	8	12,9	20,6	13,8	10	18,5
	Rastatt	08216	226	306	3	410	3,2	14,9	36	7,4	0,9	18
	Ravensburg	08436	272	167	38	223	4,1	1,2	35,2	12,3	6,4	14
	Regen	09276	83	85	70	108	0,4	-0,5	30,1	4,2	4,6	15,6
	Regensburg	09375	179	129	39	152	7,9	10,4	26,4	10,4	14,3	22,3
	Rems-Murr-Kreis	08119	416	485	5	635	4,2	-0,1	35,4	10,6	0,1	21,1
	Reutlingen	08415	281	256	19	343	3,1	6,9	32,5	9,8	-0,4	16,6
	Rhein-Neckar-Kreis	08226	531	500	1	630	3,5	3,2	34,1	7,2	4,2	17,9
	Rhön-Grabfeld	09673	87	85	71	112	0,6	-12,4	30,2	7,7	2,8	14,5
	Rosenheim	09187	243	169	34	212	8	10,6	31,7	14,2	14,7	13,6
	Roth	09576	125	140	52	173	4,8	5,8	22,6	10,4	6	18,9
	Rottal-Inn	09277	119	93	65	118	3,6	5,4	30,5	10,1	4,6	12,9
	Rottweil	08325	142	185	32	247	2,4	-7,1	30	10,6	-1,4	12,9
	Schwäbisch Hall	08127	188	127	53	169	4,2	1,2	32,5	9,8	7,8	12,3
	Schwandorf	09376	145	98	64	129	3,5	1,6	29,3	9,2	1,6	17,4
	Schwarzwald-Baar-Kreis	08326	212	207	25	283	1,5	-5	38	5,3	-2,3	16,7
	Schweinfurt	09678	117	139	49	161	2,6	-1,1	21,3	6,6	3	18,2
	Sigmaringen	08437	134	111	64	144	2,5	-2,4	28,5	11,5	1,5	18,5
	Starnberg	09188	128	261	3	339	6,7	11,5	36	12,8	6,6	12,6
	Straubing-Bogen	09278	97	81	81	96	6,6	10,4	20,4	13,9	11,1	14,9
	Tirschenreuth	09377	79	73	91	93	-1,4	-8,4	32,3	4,7	-1,6	11,8
	Traunstein	09189	170	111	58	145	4,1	3,5	33,9	9,6	7,9	12,5
	Tübingen	08416	213	410	0	531	4,4	3,5	39,1	8,5	8,6	18,5
	Tuttlingen	08327	134	183	31	250	3,8	1,3	31,2	10	-1,3	17,2
	Unterallgäu	09778	135	110	61	141	3,9	3,3	25,6	11	6,7	11,5
	Waldshut	08337	167	148	33	188	2,2	-4	37,5	7,5	2,8	16,5
	Weilheim-Schongau	09190	130	134	36	173	7,4	14,2	29,1	13,1	7,7	14,5
	Weißenburg-Gunzenhausen	09577	95	98	62	127	1,4	-4,5	28,9	4,7	2,9	11,4
	Würzburg	09679	160	165	33	196	3,6	8,2	27,4	5,5	11,3	17,9
	Wunsiedel i.Fichtelgebirge	09479	84	139	36	185	-5,5	-15,2	34,6	-0,9	-7,5	6
	Zollernalbkreis	08417	194	211	30	280	0,4	-5,9	28,8	6	-2,3	17,4

Raumbezug	Aggregat	Schlüssel	Beschäftigtenentwicklung 1995-2002	Beschäftigtenquote 2002 je 100 Einwohner	BIP je Einwohner 2002 in 1.000 €	Arbeitslosenquote 2003	Ø-Baulandpreise in € je m² 2005	Ø-Preise von Eigentumswohnungen (€/m² Wohnfläche 2005)	Fertiggestellte Wohnungen 1995-2002 (in %)	Baugenehmigungen für Wohnungen 2002 je 1000 Einwohner
Kreise	Göppingen	08117	-5,4	49,1	22,6	6,2	270	2.100	-46,3	2,4
	Günzburg	09774	4,5	53	27,2	6,5	80		-67,7	3,3
	Haßberge	09674	7,8	44,6	21,1	7,6			-38,3	3,1
	Heidenheim	08135	-2,7	58	26,1	8,4	93	1.900	-71,2	2,3
	Heilbronn	08125	15,8	48,3	24,1	6,1	270	1.950	-64,1	4,3
	Hof	09475	-15,3	51,1	21,5	10,8	65	1.300	-43,7	1,7
	Hohenlohekreis	08126	9	61,6	26,2	6,5	101		-58,3	5,6
	Karlsruhe	08215	7,3	45,6	24,7	6,1	400	2.300	-54,9	3,1
	Kelheim	09273	2	43,4	21,6	5,4			-65	4,6
	Kitzingen	09675	7,3	47,8	21	5,7	95	1.550	-47,9	4
	Konstanz	08335	0,8	47,4	25,4	7,7	450	2.500	-59,1	3,2
	Kronach	09476	-9,1	57,2	22,8	9,2	120	1.750	-54,8	2,1
	Kulmbach	09477	-11,9	51,6	23,3	10	70	1.400	-62,8	4
	Landsberg a.Lech	09181	11,1	38,7	20,9	5,6	280	2.000	-40,7	5,5
	Landshut	09274	10,9	38	20,4	4,9	280	2.200	-33,6	5,2
	Lichtenfels	09478	-8,5	58,8	23,8	9,7	70	1.500	-67,9	3,1
	Lindau (Bodensee)	09776	2,1	52,8	23,1	4,5	280	2.600	-48,4	3,2
	Lörrach	08336	1,1	48,7	23,2	6,1	370	2.250	-60,4	2,6
	Ludwigsburg	08118	4,5	51,5	27,3	5,3	500	2.300	-33,8	4,1
	Main-Spessart	09677	3,2	49,5	25,9	5,9	100	1.600	-51,3	3,4
	Main-Tauber-Kreis	08128	1	52,9	24,7	6,8	80		-56,6	2,8
	Miesbach	09182	1,7	44,8	21,5	6,1	300	2.500	-9,8	3
	Miltenberg	09676	-4	44,7	20,7	7,9	170		-62,9	2,4
	Mühldorf a.Inn	09183	2,4	43,8	22,9	7,6	170	1.900	-55,3	4
	München	09184	26,6	80,8	80,6	5,4	641	2.800	-3,5	6,5
	Neckar-Odenwald-Kreis	08225	-1,7	43,1	21,8	7,6	70		-67,2	3,3
	Neuburg-Schrobenhausen	09185	3,5	43,8	21,9	5,3			-49,3	4,1
	Neumarkt i.d.Opf.	09373	2,9	46,2	21,2	6,8	120	1.900	-40,3	4,1
	Neustadt a.d.Aisch-Bad W.	09575	2,7	40,1	18,3	5,8	60		-81,4	3,5
	Neustadt a.d.Waldnaab	09374	-1,1	39	17,7	7,7	100	1.550	-56,7	2,9
	Neu-Ulm	09775	4,4	50	25,2	7,1	200	2.100	-44,2	3,8
	Nürnberger Land	09574	-4	41,9	21,1	6,9	170	1.300	-64,6	2,4
	Oberallgäu	09780	0,1	43,7	21	6	200	2.300	-12,5	3,2
	Ortenaukreis	08317	4,6	58,4	26,9	6,5	250	2.100	-55,4	3,1
	Ostalbkreis	08136	0,6	51,9	24,3	7,3	220	1.600	-55,8	3
	Ostallgäu	09777	5,3	46	21,7	5,4	160	1.800	-41,8	4
	Passau	09275	-1,7	40,9	19,3	7,9	105	1.700	-26,4	4,6
	Pfaffenhofen a.d.Ilm	09186	16,6	37,7	20,5	6,2	290	2.250	-36,2	5,9
	Rastatt	08216	3,3	54,3	29,8	5,7	250	2.065	-54	2,9
	Ravensburg	08436	2,9	53,9	27,7	5,3	280	2.400	-54,6	3,5
	Regen	09276	-4	43,3	19,3	6,6	60		-52,3	2,1
	Regensburg	09375	12,2	27,8	14,6	5,7	190	2.100	-56,8	4,8
	Rems-Murr-Kreis	08119	0,9	48,8	24,4	5,6	490	2.200	-60	3,1
	Reutlingen	08415	2,3	53,6	27	6	270	1.800	-64,3	3,6
	Rhein-Neckar-Kreis	08226	5,5	40,6	24,2	7	180	1.950	-58,8	2,5
	Rhön-Grabfeld	09673	-1,9	52,1	21,6	8,6			-33	3,2
	Rosenheim	09187	7,9	40,8	20,2	5,8	340	2.500	-50,2	4,6
	Roth	09576	6,2	37,5	17,8	6,7	170	1.900	-47,8	3,3
	Rottal-Inn	09277	0,1	43,5	21,4	6,3	60		-53,6	4,2
	Rottweil	08325	4,6	55,4	26,2	5,8	170	1.565	-63,3	3,3
	Schwäbisch Hall	08127	4,6	53,7	25,8	6,7	160	1.900	-60,5	4,1
	Schwandorf	09376	9,4	49,2	23	6,8	100	1.700	-26,3	3,6
	Schwarzwald-Baar-Kreis	08326	2,5	60,1	26,7	7,3	200	2.250	-40,7	2,2
	Schweinfurt	09678	2,5	26	13,5	6,1	140	1.700	-47,5	3,9
	Sigmaringen	08437	-5,8	47,2	23	7,3	70		-71,2	2,5
	Starnberg	09188	18,3	46,2	28,1	5,7	400	3.400	26,2	5,8
	Straubing-Bogen	09278	3,8	29,6	16,5	5,2	150	2.000	-30,6	4,9
	Tirschenreuth	09377	-12,4	43,5	18,9	9,3	100	1.500	-43,5	2,7
	Traunstein	09189	2	50,3	25,5	5	300	2.200	-58,3	3,5
	Tübingen	08416	6,5	44,1	22,2	6,5	380	2.600	-44,4	5,2
	Tuttlingen	08327	5,9	59,6	26,3	6,1	190	2.300	-60,9	3,7
	Unterallgäu	09778	0,9	45,6	21,6	5,5	90		-57	3,3
	Waldshut	08337	-1,7	44,9	21	6	100		-58,9	2,8
	Weilheim-Schongau	09190	9,5	46,7	23,4	4,8	350	2.500	-61,8	3,8
	Weißenburg-Gunzenhausen	09577	-1,9	48,1	20,4	7,3	100		-59,9	4,4
	Würzburg	09679	18,7	29,7	16,2	5,5	200	1.800	-9,8	3,7
	Wunsiedel i.Fichtelgebirge	09479	-16,3	55	23	12,5	55	1.500	-33,9	1,8
	Zollernalbkreis	08417	-6,6	52,8	24,3	7,8	80		-41,3	2,5

Anhang 8: Standortanalyse von Süddeutschland - Ergebnisse

Raumbezug	Aggregat	Schlüssel	Einwohner in 1.000 2002	Einwohner dichte 2002 (je km²)	Ländlichkeit 2002 (Anteil der Bevölkerung in Gemeinden mit einer Bevölkerungsdichte von <150 E/km²	Einwohner Arbeitsplatzdichte 2002	Bevölkerungsentwicklung 1995-2002 in %	Bevölkerungsprognose 2000-2020	Singlehaushalte 2001 in % aller Haushalte	30 bis unter 50jährige (1995-2002) in %	50 bis unter 65jährige (1995-2002) in %	65jährige und ältere (1995-2002) in %
Kreisfreie Städte	Amberg	09361	3			3	3	1	4	4	3	1
	Ansbach	09561	3			1	3	5	3	3	2	2
	Aschaffenburg	09661	4			4	5	1	2	5	2	1
	Augsburg	09761	2			5	1	2	3	4	1	4
	Baden-Baden	08211	4			1	3	1	1	4	2	2
	Bamberg	09461	4			5	2	1	2	5	1	4
	Bayreuth	09462	4			4	4	1	3	2	2	4
	Coburg	09463	3			3	1	1	3	2	1	5
	Erlangen	09562	5			5	2	5	4	2	3	1
	Freiburg im Breisgau	08311	2			5	5	5	2	5	2	3
	Fürth	09563	5			5	5	5	3	5	4	2
	Heidelberg	08221	5			5	4	3	1	5	2	5
	Heilbronn	08121	5			4	1	5	5	3	1	1
	Hof	09464	4			2	1	1	3	1	3	4
	Ingolstadt	09161	5			3	5	5	5	5	4	1
	Karlsruhe	08212	2			5	4	5	2	5	3	3
	Kaufbeuren	09762	3			3	1	1	3	2	2	4
	Kempten (Allgäu)	09763	4			3	1	1	2	3	4	3
	Landshut	09261	4			3	3	5	3	4	2	3
	Mannheim	08222	2			5	1	1	2	2	1	2
	Memmingen	09764	3			1	3	5	3	3	4	2
	München	09162	1			5	1	4	1	2	1	3
	Nürnberg	09564	2			5	2	1	2	3	1	2
	Passau	09262	4			2	1	1	3	3	2	3
	Pforzheim	08231	5			4	2	1	3	3	1	1
	Regensburg	09362	5			5	3	4	2	5	3	5
	Rosenheim	09163	4			5	3	5	3	2	2	3
	Schwabach	09565	3			2	4	2	5	4	3	1
	Schweinfurt	09662	4			5	1	1	2	2	1	3
	Straubing	09263	3			1	2	3	3	3	2	1
	Stuttgart	08111	1			5	2	1	2	4	1	2
	Ulm	08421	5			4	5	1	4	5	2	2
	Weiden i.d.Opf.	09363	3			1	1	1	4	3	3	2
	Würzburg	09663	5			5	5	5	1	3	3	3
Kreise	Aichach-Friedberg	09771		3	3	2	4	4	5	3	2	1
	Alb-Donau-Kreis	08425		3	2	2	3	2	5	3	5	3
	Altötting	09171		3	5	3	3	4	3	4	5	4
	Amberg-Sulzbach	09371		1	1	1	3	3	4	4	1	2
	Ansbach	09571		1	1	1	3	4	4	3	5	4
	Aschaffenburg	09671		4	4	4	3	2	5	5	5	1
	Augsburg	09772		4	5	3	4	5	4	3	2	2
	Bad Kissingen	09672		1	1	1	2	1	3	5	4	5
	Bad Tölz-Wolfratshausen	09173		3	2	1	4	5	2	2	4	4
	Bamberg	09471		3	3	1	4	5	5	3	4	1
	Bayreuth	09472		1	1	1	2	1	4	4	5	4
	Berchtesgadener Land	09172		3	5	2	2	1	1	4	2	5
	Biberach	08426		3	2	2	4	4	4	2	4	3
	Bodenseekreis	08435		5	4	5	3	5	3	4	2	3
	Böblingen	08115		2	4	5	4	4	3	3	1	1
	Breisgau-Hochschwarzwald	08315		3	5	3	4	5	3	3	2	2
	Calw	08235		4	5	3	3	1	2	4	3	3
	Cham	09372		1	1	1	2	1	4	4	5	4
	Coburg	09473		3	3	3	2	1	4	5	1	3
	Dachau	09174		4	5	3	5	5	3	2	2	2
	Deggendorf	09271		3	2	2	3	5	3	4	2	4
	Dillingen a.d.Donau	09773		3	2	2	3	4	5	3	4	4
	Dingolfing-Landau	09279		3	1	2	4	5	4	2	2	3
	Donau-Ries	09779		3	2	1	3	2	4	4	5	5
	Ebersberg	09175		4	5	3	5	5	3	1	4	1
	Eichstätt	09176		3	1	1	5	5	5	1	2	1
	Emmendingen	08316		4	5	3	4	3	3	3	4	2
	Enzkreis	08236		5	4	5	3	1	4	4	3	1
	Erding	09177		3	2	2	5	5	4	1	2	2
	Erlangen-Höchstadt	09572		4	4	3	4	4	4	5	2	1
	Esslingen	08116		2	4	5	3	1	3	4	1	2
	Forchheim	09474		3	3	3	3	1	5	5	5	2
	Freising	09178		3	3	3	5	5	4	1	2	1
	Freudenstadt	08237		3	3	2	3	5	3	2	1	4
	Freyung-Grafenau	09272		1	1	1	2	1	4	5	4	3
	Fürstenfeldbruck	09179		2	4	5	4	5	3	4	4	1
	Fürth	09573		5	4	5	3	4	4	5	4	2
	Garmisch-Partenkirchen	09180		1	1	1	2	4	1	3	3	5

Raumbezug	Aggregat	Schlüssel	Beschäftigten-entwicklung 1995-2002	Beschäftigtenquote 2002 je 100 Einwohner	BIP je Einwohner 2002 in 1.000 €	Arbeitslosen-quote 2003	Ø-Baulandpreise in € je m² 2005	Ø-Preise von Eigentumswohnungen (€/m² Wohnfläche 2005)	Fertiggestellte Wohnungen 1995-2002 (in ‰)	Baugenehmigungen für Wohnungen 2002 je 1000 Einwohner	Summe	Rang
Kreisfreie Städte	Amberg	09361	1	3	2	1	2	2	1	4	2,4	28.
	Ansbach	09561	5	4	3	3	4	2	2	5	3,1	14.
	Aschaffenburg	09661	2	4	4	2	5	2	2	5	3,1	13.
	Augsburg	09761	2	2	3	1	3	5	1	2	2,6	24.
	Baden-Baden	08211	4	3	2	4	1	5	1	1	2,4	26.
	Bamberg	09461	5	5	5	1	4	2	1	3	3,1	12.
	Bayreuth	09462	2	2	4	1	4	5	5	1	3,0	16.
	Coburg	09463	2	5	2	1	2	2	2	2	2,3	30.
	Erlangen	09562	4	5	4	4	3	5	1	2	3,4	4.
	Freiburg im Breisgau	08311	5	1	1	2	1	3	4	5	3,2	11.
	Fürth	09563	4	1	2	1	3	2	1	5	3,3	7.
	Heidelberg	08221	5	2	3	4	1	1	4	1	3,2	10.
	Heilbronn	08121	1	2	5	1	1	5	2	3	2,8	20.
	Hof	09464	1	2	1	1	2	2	1	4	2,1	33.
	Ingolstadt	09161	5	5	5	3	3	5	5	5	4,3	1.
	Karlsruhe	08212	4	3	5	2	1	5	1	2	3,3	8.
	Kaufbeuren	09762	1	1	1	2	4	2	1	4	2,2	31.
	Kempten (Allgäu)	09763	2	2	2	3	3	4	1	2	2,5	25.
	Landshut	09261	2	2	5	4	3	5	1	5	3,4	5.
	Mannheim	08222	2	3	4	1	1	5	1	1	2,1	32.
	Memmingen	09764	3	5	2	3	4	2	1	4	3,0	15.
	München	09162	5	3	5	4	1	1	3	5	2,8	19.
	Nürnberg	09564	1	3	4	1	1	5	1	3	2,3	29.
	Passau	09262	3	5	4	2	4	2	5	3	2,9	17.
	Pforzheim	08231	1	1	1	1	1	2	1	3	1,9	34.
	Regensburg	09362	5	5	5	2	5	5	1	5	4,1	2.
	Rosenheim	09163	3	1	3	3	1	3	5	5	3,2	9.
	Schwabach	09565	1	1	1	3	5	4	2	5	2,9	18.
	Schweinfurt	09662	5	5	5	1	4	2	1	1	2,7	22.
	Straubing	09263	5	3	2	2	4	4	1	5	2,8	21.
	Stuttgart	08111	4	4	5	3	1	1	1	1	2,4	27.
	Ulm	08421	3	5	5	3	3	5	1	2	3,4	3.
	Weiden i.d.Opf.	09363	1	4	4	1	5	2	1	5	2,6	23.
	Würzburg	09663	1	3	3	3	3	4	3	3	3,3	6.
Kreise	Aichach-Friedberg	09771	2	2	2	3	1	2	3	5	2,8	69.
	Alb-Donau-Kreis	08425	4	2	2	4	3	1	2	4	2,9	48.
	Altötting	09171	3	5	5	2	3	5	1	1	3,5	3.
	Amberg-Sulzbach	09371	5	2	1	1	5	1	5	2	2,5	96.
	Ansbach	09571	3	3	2	3	4	3	3	3	2,9	47.
	Aschaffenburg	09671	3	2	2	3	1	5	2	2	3,1	22.
	Augsburg	09772	3	2	2	3	1	3	1	4	3,0	41.
	Bad Kissingen	09672	1	3	3	1	4	4	1	3	2,5	88.
	Bad Tölz-Wolfratshausen	09173	2	3	3	4	1	1	5	5	3,0	40.
	Bamberg	09471	3	1	1	2	1	1	2	4	2,6	84.
	Bayreuth	09472	1	1	1	2	4	1	1	2	2,1	104.
	Berchtesgadener Land	09172	1	3	3	4	3	1	1	1	2,5	95.
	Biberach	08426	4	4	4	4	4	1	1	5	3,2	13.
	Bodenseekreis	08435	4	4	5	4	3	1	2	2	3,4	39.
	Böblingen	08115	5	5	5	3	1	1	1	3	3,0	6.
	Breisgau-Hochschwarzwald	08315	3	2	2	4	1	1	3	3	2,9	55.
	Calw	08235	1	2	2	4	4	2	1	2	2,7	73.
	Cham	09372	3	3	2	2	2	2	5	2	2,6	83.
	Coburg	09473	1	4	4	1	2	5	1	1	2,6	82.
	Dachau	09174	5	1	2	4	1	1	2	5	3,1	30.
	Deggendorf	09271	2	4	4	2	2	2	2	2	2,8	65.
	Dillingen a.d.Donau	09773	1	3	2	4	4	2	1	1	2,8	64.
	Dingolfing-Landau	09279	5	5	5	5	2	2	5	1	3,3	11.
	Donau-Ries	09779	3	5	4	5	2	2	1	2	3,1	21.
	Ebersberg	09175	5	2	2	4	1	1	5	5	3,3	10.
	Eichstätt	09176	5	1	1	5	4	2	5	5	3,1	29.
	Emmendingen	08316	2	3	2	3	1	1	1	3	2,8	68.
	Enzkreis	08236	4	3	2	3	5	2	1	2	3,1	28.
	Erding	09177	5	1	2	5	1	1	2	5	2,8	63.
	Erlangen-Höchstadt	09572	5	2	2	4	1	1	2	3	3,0	38.
	Esslingen	08116	2	4	5	4	1	1	2	1	2,6	80.
	Forchheim	09474	3	1	1	3	5	1	4	3	3,0	37.
	Freising	09178	5	5	5	5	1	1	4	5	3,4	5.
	Freudenstadt	08237	3	4	4	4	3	1	1	1	2,8	67.
	Freyung-Grafenau	09272	1	2	1	1	2	2	3	1	2,1	105.
	Fürstenfeldbruck	09179	2	1	1	4	1	1	5	5	3,1	27.
	Fürth	09573	2	1	1	3	3	3	1	2	3,1	26.
	Garmisch-Partenkirchen	09180	1	3	3	4	1	1	1	1	2,1	103.

Raumbezug	Aggregat	Schlüssel	Einwohner in 1.000 2002	Einwohnerdichte 2002 (je km²)	Ländlichkeit 2002 (Anteil der Bevölkerung in Gemeinden mit einer Bevölkerungsdichte von <150 E/km²	Einwohner-Arbeitsplatzdichte 2002	Bevölkerungsentwicklung 1995-2002 in %	Bevölkerungsprognose 2000-2020	Singlehaushalte 2001 in % aller Haushalte	30 bis unter 50jährige (1995-2002) in %	50 bis unter 65jährige (1995-2002) in %	65jährige und ältere (1995-2002) in %
Kreise	Göppingen	08117		2	4	5	2	1	3	5	1	4
	Günzburg	09774		3	3	3	3	3	4	3	3	4
	Haßberge	09674		1	1	1	2	1	4	5	5	4
	Heidenheim	08135		4	5	3	1	1	3	5	1	4
	Heilbronn	08125		4	4	4	5	5	5	2	4	1
	Hof	09475		3	2	2	1	1	4	5	1	5
	Hohenlohekreis	08126		3	3	2	4	4	3	2	5	3
	Karlsruhe	08215		5	4	5	3	3	4	5	4	1
	Kelheim	09273		3	2	1	5	5	4	1	2	3
	Kitzingen	09675		3	3	2	2	4	3	3	4	4
	Konstanz	08335		5	4	5	3	5	1	3	3	4
	Kronach	09476		3	2	2	1	1	4	5	1	4
	Kulmbach	09477		3	2	2	1	1	4	5	3	5
	Landsberg a.Lech	09181		3	2	2	5	5	4	1	2	3
	Landshut	09274		3	1	1	5	5	5	1	2	2
	Lichtenfels	09478		3	3	2	2	1	4	5	1	4
	Lindau (Bodensee)	09776		4	5	4	3	4	1	2	5	5
	Lörrach	08336		4	4	4	3	3	2	3	1	3
	Ludwigsburg	08118		2	4	5	3	5	3	3	1	1
	Main-Spessart	09677		3	3	1	2	1	5	5	5	4
	Main-Tauber-Kreis	08128		3	2	1	2	1	4	5	4	5
	Miesbach	09182		3	2	1	4	5	2	2	5	4
	Miltenberg	09676		3	5	3	3	1	5	4	5	2
	Mühldorf a.Inn	09183		3	2	2	3	5	4	3	4	5
	München	09184		2	4	5	5	5	2	2	4	1
	Neckar-Odenwald-Kreis	08225		3	1	2	3	1	4	4	5	4
	Neuburg-Schrobenhausen	09185		3	2	2	4	5	5	3	4	3
	Neumarkt i.d.Opf.	09373		1	1	1	4	5	5	1	2	2
	Neustadt a.d.Aisch-Bad W.	09575		1	1	1	3	4	5	3	4	5
	Neustadt a.d.Waldnaab	09374		1	1	1	2	1	4	4	1	3
	Neu-Ulm	09775		5	4	5	3	1	3	5	5	3
	Nürnberger Land	09574		4	5	3	2	1	4	5	3	3
	Oberallgäu	09780		1	1	1	3	1	2	4	2	5
	Ortenaukreis	08317		4	5	4	3	1	2	4	5	3
	Ostalbkreis	08136		4	5	3	2	1	3	4	3	4
	Ostallgäu	09777		1	2	1	3	1	3	3	2	5
	Passau	09275		3	2	2	3	2	3	4	2	3
	Pfaffenhofen a.d.Ilm	09186		3	3	2	5	5	5	2	2	2
	Rastatt	08216		5	4	5	3	5	2	5	1	2
	Ravensburg	08436		3	3	3	3	2	2	2	4	4
	Regen	09276		1	1	1	2	1	3	5	5	3
	Regensburg	09375		3	3	2	5	5	4	3	2	1
	Rems-Murr-Kreis	08119		2	4	5	3	1	2	3	1	1
	Reutlingen	08415		4	5	4	3	5	3	4	1	3
	Rhein-Neckar-Kreis	08226		2	4	5	3	3	3	5	5	3
	Rhön-Grabfeld	09673		1	1	1	2	1	3	5	3	4
	Rosenheim	09187		3	3	3	5	5	3	1	2	4
	Roth	09576		3	2	2	3	4	5	3	4	2
	Rottal-Inn	09277		1	1	1	3	4	3	3	5	4
	Rottweil	08325		3	3	3	2	1	3	3	1	4
	Schwäbisch Hall	08127		3	2	2	3	2	3	4	2	4
	Schwandorf	09376		1	1	1	3	2	4	4	3	3
	Schwarzwald-Baar-Kreis	08326		4	5	3	2	1	2	5	1	3
	Schweinfurt	09678		3	2	2	3	1	5	5	5	2
	Sigmaringen	08437		3	1	1	3	1	4	3	3	2
	Starnberg	09188		4	4	4	4	5	2	2	4	4
	Straubing-Bogen	09278		1	1	1	4	5	5	2	2	4
	Tirschenreuth	09377		1	1	1	1	1	3	5	1	5
	Traunstein	09189		3	2	1	3	3	3	4	2	4
	Tübingen	08416		2	4	5	3	3	2	4	2	2
	Tuttlingen	08327		3	3	3	3	2	3	3	1	3
	Unterallgäu	09778		3	1	1	3	3	4	3	4	5
	Waldshut	08337		3	3	2	2	1	2	5	3	3
	Weilheim-Schongau	09190		3	3	2	4	5	4	2	2	4
	Weißenburg-Gunzenhausen	09577		1	1	1	2	1	4	5	3	5
	Würzburg	09679		3	3	2	3	5	4	5	2	3
	Wunsiedel i.Fichtelgebirge	09479		3	3	2	1	1	3	5	1	5
	Zollernalbkreis	08417		4	3	3	2	1	4	5	1	3

Raumbezug	Aggregat	Schlüssel	Beschäftigten-entwicklung 1995-2002	Beschäftigtenquote 2002 je 100 Einwohner	BIP je Einwohner 2002 in 1.000 €	Arbeitslosen-quote 2003	Ø-Baulandpreise in € je m² 2005	Ø-Preise von Eigentumswohnungen (€/m² Wohnfläche 2005)	Fertiggestellte Wohnungen 1995-2002 (in %)	Baugenehmigungen für Wohnungen 2002 je 1000 Einwohner	Summe	Rang
Kreise	Göppingen	08117	1	4	3	3	1	1	2	1	2,5	87.
	Günzburg	09774	3	4	5	3	2	2	1	2	3,0	36.
	Haßberge	09674	4	3	3	2	2	2	3	2	2,6	79.
	Heidenheim	08135	1	5	4	1	2	1	1	1	2,5	86.
	Heilbronn	08125	5	3	4	3	1	1	1	4	3,3	9.
	Hof	09475	1	4	3	1	2	2	3	1	2,4	97.
	Hohenlohekreis	08126	5	5	4	3	4	2	1	5	3,4	4.
	Karlsruhe	08215	4	3	4	3	1	1	2	2	3,2	16.
	Kelheim	09273	2	3	3	4	2	2	1	5	2,8	62.
	Kitzingen	09675	4	3	3	4	2	2	2	4	3,1	25.
	Konstanz	08335	2	3	4	2	1	1	1	2	2,9	54.
	Kronach	09476	1	5	3	1	4	5	2	1	2,6	78.
	Kulmbach	09477	1	4	3	1	2	2	1	4	2,6	81.
	Landsberg a.Lech	09181	5	2	2	4	1	1	3	5	2,9	46.
	Landshut	09274	5	2	2	5	1	1	4	5	2,9	45.
	Lichtenfels	09478	1	5	3	1	2	2	1	2	2,5	94.
	Lindau (Bodensee)	09776	2	4	3	5	1	1	2	2	3,1	20.
	Lörrach	08336	2	3	3	3	1	1	1	1	2,5	93.
	Ludwigsburg	08118	3	4	5	4	1	1	4	4	3,1	19.
	Main-Spessart	09677	3	4	4	4	4	4	2	2	3,3	8.
	Main-Tauber-Kreis	08128	2	4	4	3	2	2	1	1	2,7	72.
	Miesbach	09182	2	3	3	3	1	1	5	2	2,8	61.
	Miltenberg	09676	1	3	2	2	5	2	1	1	2,8	60.
	Mühldorf a.Inn	09183	2	3	3	2	5	1	1	4	3,1	24.
	München	09184	5	5	5	4	1	1	5	5	3,6	2.
	Neckar-Odenwald-Kreis	08225	1	3	3	2	2	2	1	2	2,5	85.
	Neuburg-Schrobenhausen	09185	3	3	3	4	2	2	2	4	3,2	15.
	Neumarkt i.d.Opf.	09373	2	3	3	3	4	1	3	4	2,6	77.
	Neustadt a.d.Aisch-Bad W.	09575	2	2	2	4	2	2	1	3	2,6	76.
	Neustadt a.d.Waldnaab	09374	1	2	1	2	4	2	1	1	1,9	106.
	Neu-Ulm	09775	3	4	4	2	3	1	3	3	3,4	7.
	Nürnberger Land	09574	1	2	3	3	5	2	1	1	2,8	59.
	Oberallgäu	09780	2	3	3	3	3	1	5	2	2,5	92.
	Ortenaukreis	08317	3	5	4	3	1	1	1	2	3,0	35.
	Ostalbkreis	08136	2	4	4	2	3	4	1	2	3,0	34.
	Ostallgäu	09777	3	3	3	4	5	3	3	4	2,9	53.
	Passau	09275	1	2	2	2	4	5	4	5	2,9	52.
	Pfaffenhofen a.d.Ilm	09186	5	2	2	3	1	1	3	5	3,0	33.
	Rastatt	08216	3	4	5	4	1	1	2	1	3,1	18.
	Ravensburg	08436	2	4	5	4	1	1	2	3	2,8	58.
	Regen	09276	1	3	2	3	2	2	2	1	2,2	100.
	Regensburg	09375	5	1	1	4	5	1	1	5	3,0	32.
	Rems-Murr-Kreis	08119	2	3	4	4	1	1	1	2	2,4	99.
	Reutlingen	08415	2	4	5	3	1	3	1	3	3,2	14.
	Rhein-Neckar-Kreis	08226	3	2	4	2	5	1	1	1	3,1	23.
	Rhön-Grabfeld	09673	1	4	3	1	2	2	4	2	2,4	98.
	Rosenheim	09187	4	2	2	4	1	1	2	5	2,9	44.
	Roth	09576	4	2	1	3	5	1	2	2	2,8	57.
	Rottal-Inn	09277	2	3	3	3	2	2	2	4	2,7	71.
	Rottweil	08325	3	4	4	4	5	2	1	2	2,8	56.
	Schwäbisch Hall	08127	3	4	4	3	5	1	1	4	2,9	43.
	Schwandorf	09376	5	4	3	3	4	5	4	3	3,1	17.
	Schwarzwald-Baar-Kreis	08326	2	5	4	2	3	1	3	1	2,8	66.
	Schweinfurt	09678	2	1	1	3	4	5	2	3	2,9	51.
	Sigmaringen	08437	1	3	3	2	2	2	1	1	2,1	102.
	Starnberg	09188	5	3	5	4	1	1	5	5	3,6	1.
	Straubing-Bogen	09278	3	1	1	4	5	1	4	5	2,9	50.
	Tirschenreuth	09377	1	3	2	1	4	2	3	1	2,1	101.
	Traunstein	09189	2	4	4	4	1	1	1	3	2,6	75.
	Tübingen	08416	4	3	3	3	1	1	3	5	2,9	42.
	Tuttlingen	08327	3	5	4	3	5	1	1	3	2,9	49.
	Unterallgäu	09778	2	3	3	4	2	2	1	2	2,7	70.
	Waldshut	08337	1	3	3	3	4	2	1	1	2,5	91.
	Weilheim-Schongau	09190	5	3	3	5	1	1	1	3	3,0	31.
	Weißenburg-Gunzenhausen	09577	1	3	2	2	4	2	1	4	2,5	90.
	Würzburg	09679	5	1	1	4	3	3	5	3	3,2	89.
	Wunsiedel i.Fichtelgebirge	09479	1	4	3	1	2	2	4	1	2,5	12.
	Zollernalbkreis	08417	1	4	4	2	2	2	3	1	2,6	74.

Anhang 9: BIP-pro-Kopf in Süddeutschland[250]

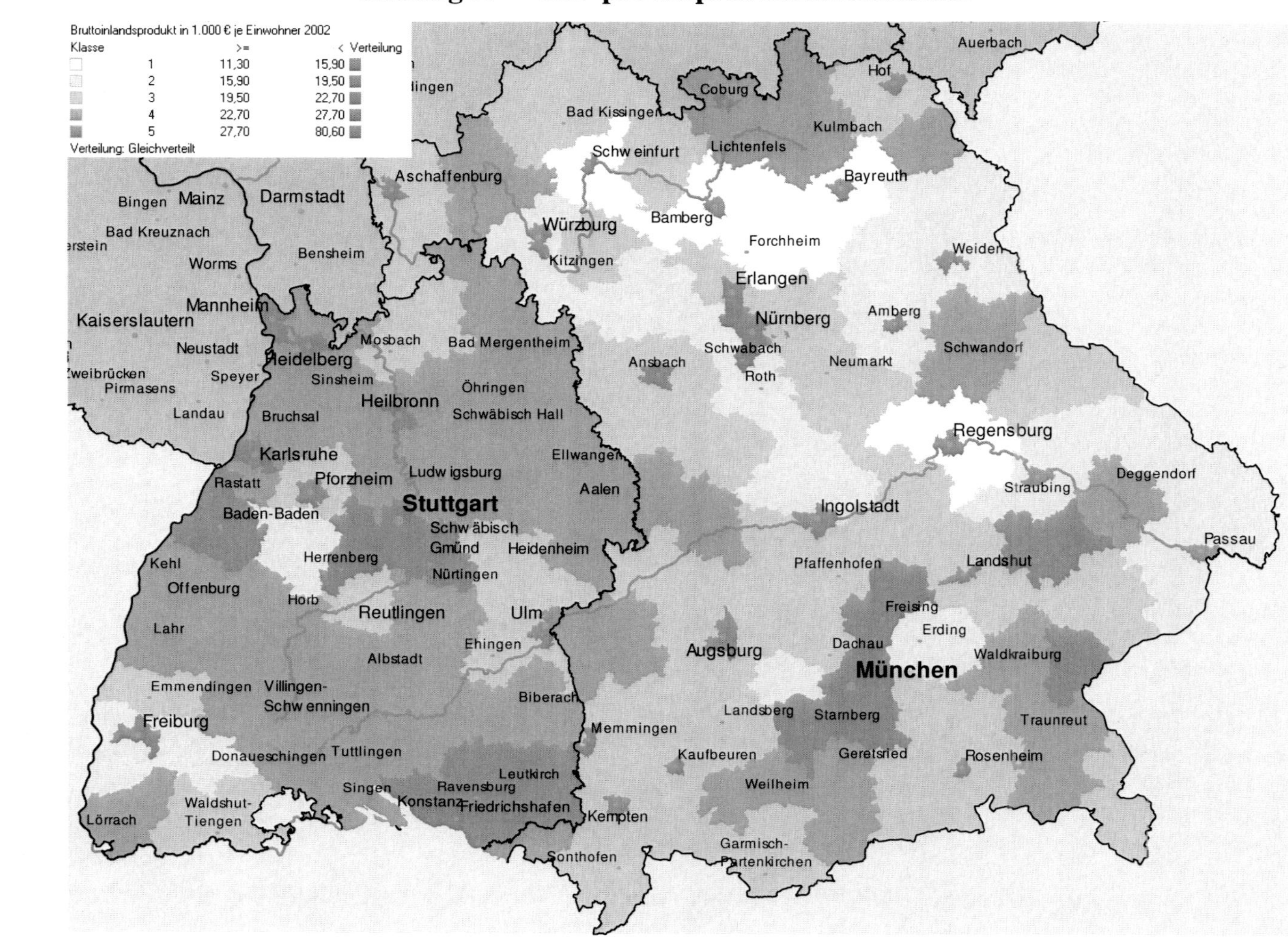

[250] Vgl. Bundesamt für Bauwesen und Raumordnung (Hrsg.) (2004): Indikatoren und Karten zur Raumentwicklung - Ausgabe 2004.

Anhang 10: Entwicklung der Arbeitslosenquoten 1995 bis 2003[251]

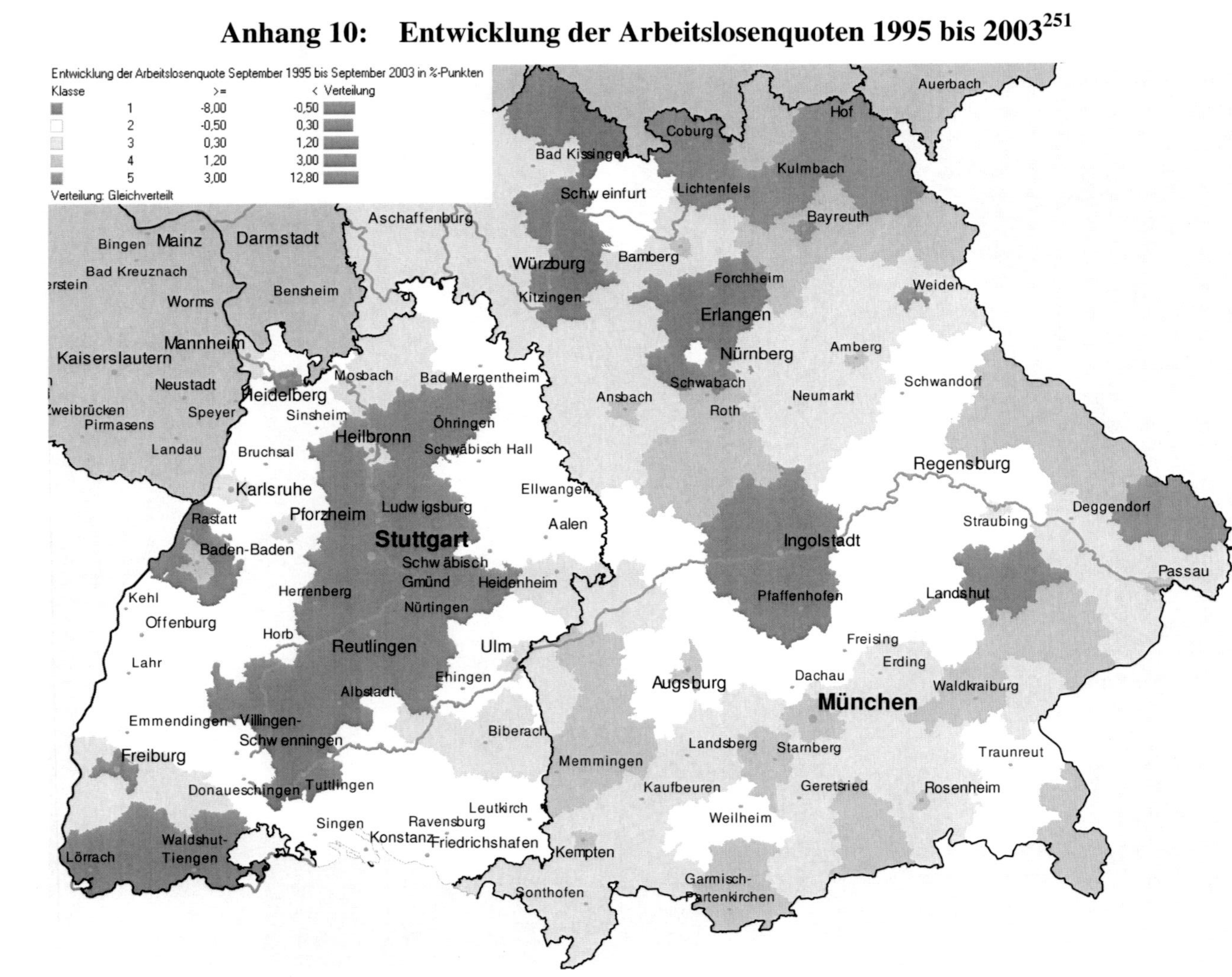

[251] Vgl. Bundesamt für Bauwesen und Raumordnung (Hrsg.) (2004): Indikatoren und Karten zur Raumentwicklung - Ausgabe 2004..

Anhang 11: Entwicklung der Baulandpreise von 1995 bis 2002[252]

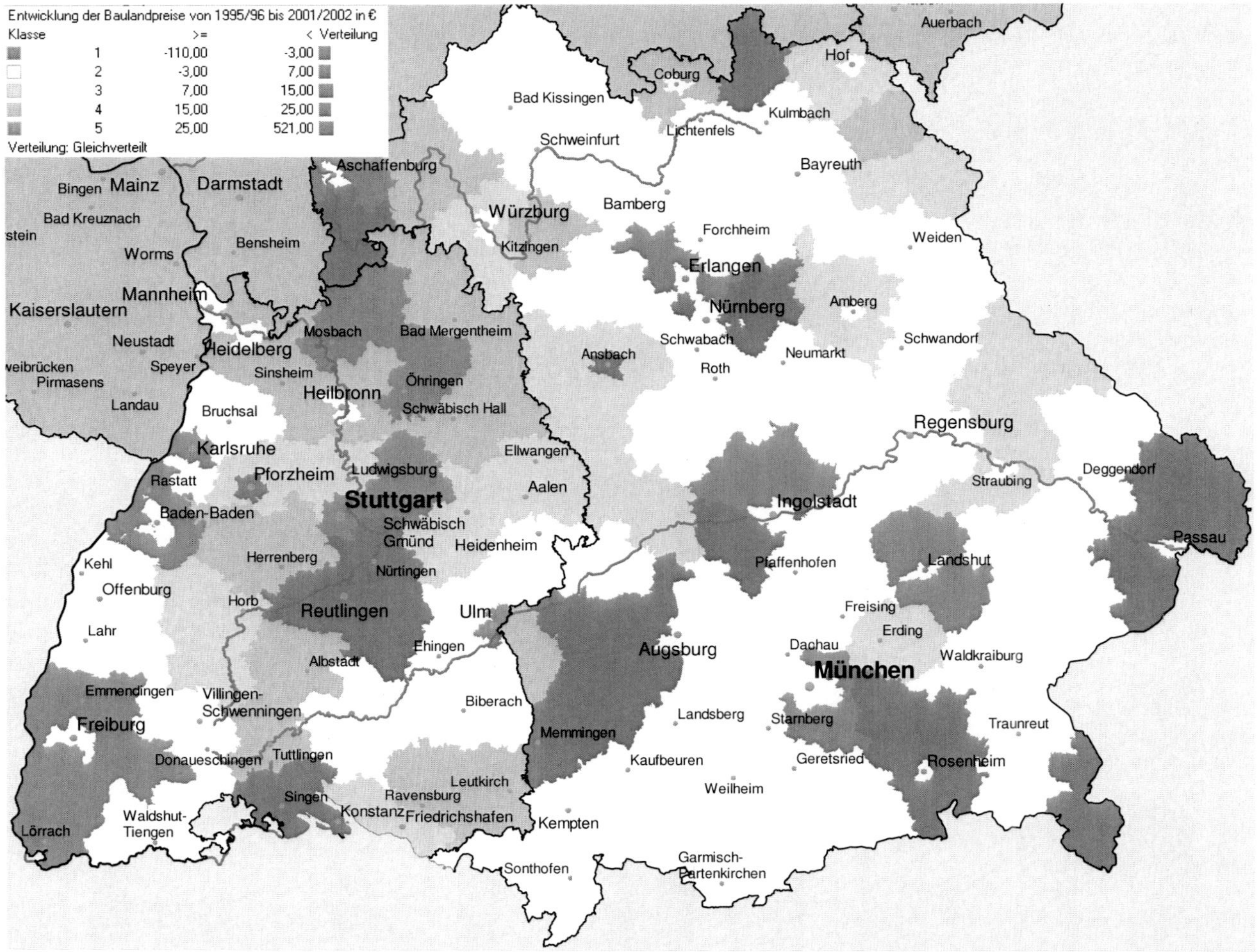

252 Vgl. Bundesamt für Bauwesen und Raumordnung (Hrsg.) (2004): Indikatoren und Karten zur Raumentwicklung - Ausgabe 2004.

Anhang 12: Projektkalkulation Stadtrand München[253]

1. ECKDATEN

Grundstück	1.500 m²	**GRZ:**	0,27	
Aussenanlagen	1.100 m²	**GFZ:**	1,20	

	GF	Höhe	BRI	Nutzung	GF	Faktor	verkaufbare Fläche/Einh.
oberirdisch:	**1.800 m²**	**15,00 m**	**5.400,00 m³**				
DG	200 m²	3,00 m	600,00 m³	Wohnen	1.800 m²	0,82	1.476 m²
3.OG	400 m²	3,00 m	1.200,00 m³				
2.OG	400 m²	3,00 m	1.200,00 m³				
1.OG	400 m²	3,00 m	1.200,00 m³		70 m² pro WE		21 WE
EG	400 m²	3,00 m	1.200,00 m³	**Stellplätze:**			**21 Stpl.**
				Technikflächen			100 m²
unterirdisch:	**501 m²**	**3,50 m**	**1.753,50 m³**	Keller Whg.	21 Stpl.	6 m²	127 m²
1.UG/TG	501 m²	3,50 m	1.753,50 m³	Stellplätze	21 Stpl.	26 m²/Stpl.	274 m²
							501 m²

Termine:

Grundstückskaufpreis	Apr. 05	Baurecht	Jul. 05
Zahlung Grundstück	Apr. 05	Baubeginn	Jul. 05
Planungsbeginn	Apr. 05	Fertigstellung	Jul. 06

2. KOSTENKALKULATION

Grundstück					**977.000 €**	543 €/m² GF	21,26%
Kaufpreis über GF	500 €/m²	*	1.800 m²	900.000 €		500 €/m² GF	
Makler	3,5%			31.500 €		18 €/m² GF	
Grunderwerbssteuer	3,5%			31.500 €		18 €/m² GF	
Notarkosten	1,5%			13.500 €		8 €/m² GF	
Erschließung (brutto)					**42.000 €**	23 €/m² GF	0,91%
öffentl. Erschl.	2.000 €/WE	*	21 WE	42.171 €		23 €/m² GF	
Dekontamination				- €			
Abbruch				- €			
Baukosten (brutto)					**2.668.000 €**	1.482 €/m² GF	58,06%
GF Wohnen o.i.	1.300 €/m²	*	1.800 m²	2.340.000 €			
GF Wohnen u.i.	500 €/m²	*	501 m²	250.500 €			
Unvorhergesehenes	3,0%	aus	2.590.500 €	77.715 €			
Außenanlagen (brutto)					**88.000 €**	49 €/m² GF	1,92%
Befestigte Flächen	80 €/m²	*	1.100 m²	88.000 €		49 €/m² GF	
Baunebenkosten (brutto)					**386.000 €**	214 €/m² GF	8,40%
Allgem. Baunebenk.	14,0%	aus	2.756.000 €	385.840 €		214 €/m² GF	
Sonstiges (brutto)					**25.000 €**	14 €/m² GF	0,54%
Rechtsberatung/Sonstiges				25.000 €		14 €/m² GF	
Vermarktung (brutto)					**264.000 €**	147 €/m² GF	5,75%
Makler Verkauf Whg.	5,00%	von	5.286.189 €	264.309 €		147 €/m² GF	
Zwischenfinanzierung					**145.000 €**	81 €/m² GF	3,16%
	Zinssatz:	5,0%					
	Laufzeit:	Anteil:	**80% FK-Anteil**				
Grundstück Rest	14 mo	100%	977.000 €	45.702 €			
Erschließungskosten	12 mo	30%	42.000 €	504 €			
Baukosten	12 mo	50%	2.668.000 €	53.360 €			
Kosten Außenanlagen	3 mo	50%	88.000 €	440 €			
Baunebenkosten	15 mo	50%	386.000 €	9.650 €			
Sonstiges	12 mo	50%	25.000 €	500 €			
Vermarktung	12 mo	50%	264.000 €	5.280 €			
Finanzierungspauschale				30.000 €			
Herstellkosten					**4.595.000 €**	2.553 €/m² GF	100,00%

3. ERTRAGSKALKULATION

Verkaufserlös						
Wohnen	1.476 m²	*	3.410 €/m²	5.033.160 €		
Stellplätze	21 St.	*	12.000 €/m²	253.029 €		
Verkauf für				**5.286.189 €**		
Ertrag				**691.189 €**		**15,04%**
EK-Rendite bei 20 % EK-Anteil						**66,78%**

[253] Eigene Darstellung in Anlehnung an (Brauer, K. (Hrsg.) (1999): Grundlagen der Immobilienwirtschaf, 2. überarb. Aufl., Wiesbaden, S. 335 ff; ebenso o. V. (2005): Baukosten-Überschlag, http://www.plus aufbau.de/, 22.08.2005).

Literaturverzeichnis

1. Bücher und Sammelwerke:

- **Brauer, K.** (Hrsg.) (1999): Grundlagen der Immobilienwirtschaf, 2. überarb. Aufl., Wiesbaden.
- **Falk, B.** (Hrsg.) (2000): Fachlexikon Immobilienwirtschaft, 2. vollst. überarb. u. erweit. Aufl., Köln.
- **Gartner, W. J.** (2001): Betriebswirtschaftlehre und Volkswirtschaftslehre, 1. Aufl., München/Wien.
- **GdW** (Hrsg.) (2003): GdW Oktober 2003. Wohnungswirtschaftliche Daten und Trends 2003/2004, 1. Aufl., Berlin, S. 15.
- **GDW** (Hrsg.) (2004): Wohnungswirtschaftliche Daten und Trends 2004/2005, Hamburg.
- **Gondring, H.** (Hrsg.) (2004): Immobilienwirtschaft. Handbuch für Studium und Praxis, München.
- **Gutenberg, E.** (1975): Die Produktion, 21. Aufl., Berlin/Heidelberg/New York.
- **Heuer, J./Nordalm, V.** (1996): Die Wohnungsmärkte im gesamtwirtschaftlichen Gefüge, in: Jenkis, H. (Hrsg.): Kompendium der Wohnungswirtschaft, 3. überarb. u. erweit. Aufl., München.
- **Jasper, D.** (2001): Kompakthandbuch. Immobilien, Stuttgart.
- **Klug, W.** (1994): Selbstgenutztes Wohneigentum: Bauen, Kaufen, Finanzieren, in: Brunner, M. (Hrsg.): Geldanlagen mit Immobilien, Wiesbaden, S. 35 f.
- **Kühne-Büning, L.** (1996): Wohnungswirtschaft und Konjunktur, in: Jenkis, H. (Hrsg.): Kompendium der Wohnungswirtschaft, 3. überarb. u. erweit. Aufl., München.
- **O. V.** (1951): Ertrag, in: Brockhaus GmbH (Hrsg.), Band I, Wiesbaden.

- **Sailer, E.** (2005): Zukunftstrends, in: Bach, H./Ottmann, M./Sailer, E./Unterreiner, P. (Hrsg.): Immobilienmarkt und Immobilienmanagement. Entscheidungsgrundlagen für die Immobilienwirtschaft, München.
- **Schäfer, J./Conzen, G.** (Hrsg.): Praxishandbuch der Immobilien. Projektentwicklung, München.
- **Schulte, K.-W.** (2000): Immobilienökonomie. Band I Betriebswirtschaftliche Grundlagen, 2. überarb. Aufl., München..
- **Schulte, K.-W.** (Hrsg.) (2005): Immobilienökonomie. Band II Stadtplanerische Grundlagen, München.
- **Wöhe, G.** (2000): Einführung in die Allgemeine Betriebswirtschaftslehre, 21. Aufl., München.

2. Beiträge aus Zeitungen und Zeitschriften:

- **Ami.** (2005): Niedrigere Beiträge für die Arbeitsagentur, in: Frankfurter Allgemeine Zeitung (Hrsg.) vom 06/2005, Nr. 128, S. 11.
- **Hank, R.** (2005): Berlin stürzt ab, und Hamburg überragt sie alle, in: Frankfurter Allgemeine Sonntagszeitung vom 06/2005, Nr. 24, S. 43.
- **Harriehausen, C.** (2005): Auf dem Weg zu einer neuen Immobilienphilosophie, in: Frankfurter Allgemeine Sonntagszeitung vom 04/2005, Nr. 16, S. 15.
- **Höfling, M.** (2005): Die Angst vor den eigenen vier Wänden, in: Welt am Sonntag, Finanzen vom 06/2005, Nr. 24, S. 46.
- **Jfr.** (2005): Die Inflation überholt die Immobilienrendite, in: Frankfurter Allgemeine Zeitung vom 06/2005, Nr. 126, S. 41.
- **Mühl, M.** (2005): Der Gebäude-Energiepaß kommt später, in: Frankfurter Allgemeine Sonntagszeitung vom 08/2005, Nr. 186, S.13.
- **Rehmann, H.** (2005): Das unsichere Schicksal von Wohnimmobilien, in: Frankfurter Allgemeine Zeitung vom 02/2005, Nr. 47, S. 51.

- **Schäfers, M.** (2005): Baureifes Land ist so teuer wie nie zuvor, in: Frankfurter Allgemeinen Zeitung vom 08/2005, Nr. 180, S.11.

- **Schmitt, T.** (2005): Jetzt eine Wohnung kaufen, in: Frankfurter Allgemeine Sonntagszeitung vom 06/2005, Nr. 26, S. 41.

- **Schwanenflug, C.** (2005): Ökonomische Gründe der Wohnungskrise ausgeblendet, in: Immobilien Zeitung vom 04/2005, Nr. 8, S. 25.

3. Internetquellen:

- **Bremer, C.** (2004): Ganz Deutschland ein Seniorenheim?, http://www.arl-net.de/news/jw_Bremer.pdf, 01.08.2005.

- **Dietmar, T.** (2005): Junge Alte ziehen zurück in die Stadt, http://www.welt-am-sonntag.de/data/2005/04/17/705011.html, 14.07.2005.

- **Freitag, L.** (2004): Mietwohnungen in Deutschland – ein attraktives und wertbeständiges Marktsegment, http://www.gdw.de/db/presse.nsf/B68B44F5FD0A52FBC1256F1D002B4AAE/$file/Präsentation%20Branchenbericht%20PM.pdf?OpenElement, 27.06.2005.

- **Hörbst, G.** (2005): Deutschland soll kinderfreundlicher werden, http://www.abendblatt.de/daten/2005/04/18/422854.html, 16.08.2005.

- **Krämer-Eis, H.** (2003): Rating - Basel II, http://www.kfw.de/DE/Research/PDF/Loccum _Rating_Basel _II.pdf, 02.08.2005.

- **O. V.** (1997): MaBV, http://www.immopilot.de/Lexikon/Immobiliengesetze/MaBV/mabv.html, 23.08.2005.

- **O. V.** (2003): Bewohnte Wohneinheiten in Wohngebäuden nach Art der Nutzung, http://www.destatis.de, 23.06.2005.

- **O. V.** (2003): Wohneinheiten in Gebäuden mit Wohnraum nach dem Baujahr, http://www.destatis.de, 14.06.2005.

- **O. V.** (2004): Ausländische Bevölkerung, http://www.statistik-portal.de, 11.06.2005.

- **O. V.** (2004): Bevölkerung, http://www.statistik-portal.de, 07.07.2005.

- **O. V.** (2004): Die Bevölkerung in Baden-Württemberg 2003/2004, http://www.uni-tuebingen.de/iaw/womo/analysen/bevoelkerung_02-03.html, 07.07.2005.

- **O. V.** (2004): Hohes Einkommen: Hohes Wohneigentum, http://www.postbank.de/pbde_ag_home/pbde_pr_presse/pbde_pr_pressearchiv_verteiler/pbde_pr_pressearchiv_2004/pbde_pr_pm0537-28-04-04.html, 27.06.2005.

- **O. V.** (2004): Immobilienumsatz 1998 bis 2004 in Mio. Euro, http://www.era deutschland.de/data/Immobilienumsatz_H104_zeitreihe.pdf, 23.06.2005.

- **O. V.** (2004): Rating, http://www.neubrandenburg.ihk.de/basel/rating.html, 02.08.2005.

- **O. V.** (2004): Räumliche Bevölkerungsbewegung, http://www.statistik-portal.de, 07.06.2005.

- **O. V.** (2004): Wohnungsbau auf Minusrekord-Kurs, http://www.lbs.de/microsite -presse/lbs-bundesgeschaeftsstelle/archiv-2004/wohnungsbau, 23.06.2005.

- **O. V.** (2005): 2030 Deutschland mit mehr Einwohnern als heute, http://www.lbs.de/bayern/die-lbs/presse/lbs-research/deutschland, 01.07.2005.

- **O. V.** (2005): 2030 Deutschland mit mehr Einwohnern als heute, http://www.lbs .de/bayern/die-lbs/presse/lbs-research/deutschland, 01.07.2005.

- **O. V.** (2005): Anstieg der Erwerbstätigkeit im ersten Quartal 2005 um 0,5 %, http://www.destatis.de/presse/deutsch/pm2005/p2260031.htm, 25.07.2005.

- **O. V.** (2005): Basel II, http://www.dihk.de/inhalt/informationen/news/schwer punkte/rating/basel.html, 02.08.2005.

- **O. V.** (2005): Baufertigstellungen im Hochbau, http://www.destatis.de, 23.06.2005

- **O. V.** (2005): Baugenehmigungen im Hochbau, http://www.destatis.de, 23.06.2005.

- **O. V.** (2005): Baugenehmigungen im Hochbau, http://www.destatis.de, 08.06.2005.

- **O. V.** (2005): Baukonjunktur bleibt weit hinter den Erwartungen zurück, http://www.baulinks.de/links/1frame.htm?http%3A//http://www.baulinks.de/links/adr2-immob.htm, 01.07.2005.

- **O. V.** (2005): Baukosten-Überschlag, http://www.plusaufbau.de/, 22.08.2005.

- **O. V.** (2005): Bauträger, http://www.immobiliedirekt.de/templates/glossar/idex.php?buchstabe=b, 20.06.2005.

- **O. V.** (2005): Bevölkerung: Gemeinden, Stichtage (ab 1960, 10er-Schritte), http://www.statistik.bayern.de, 08.07.2005

- **O. V.** (2004): Bevölkerung, http://www.destatis.de, 11.06.2005.

- **O. V.** (2005): Bevölkerungsentwicklung, http://www.destatis.de, 05.08.2005.

- **O. V.** (2005): Bruttoanlageinvestitionen nach Güterarten, http://www.destatis.de, 14.06.2005.

- **O. V.** (2005): Bruttoanlageinvestitionen nach Gütern, http://www.destatis.de, 07.06.2005.

- **O. V.** (2005): Demografie, http://de.wikipedia.org/wiki/Demografie, 20.06.2005.

- **O. V.** (2005): Deutschland wächst stärker als USA, http://www.stern.de/wirtschaft/unternehmen/540281.html?nv=nl_hp_rt, 08.06.2005.

- **O. V.** (2005): Die Zinslandschaft, https://www.deutsche-bank-bauspar.de/main.jsp?/de/bausparpool/p0111_zinslandschaft.jsp, 22.05.2005.

- **O. V.** (2005): Ertrag, http://de.wikipedia.org/wiki/Ertrag, 01.08.2005.

- **O. V.** (2005): Erwerbstätige (Arbeitsort) in Deutschland 1991 bis 2004 nach Ländern, http://www.hsl.de/erwerbstaetigenrechnung/erwerbstaetige.htm, 25.07.2005.

- **O. V.** (2005): Gebiet und Bevölkerung. monatlicher Zahlenspiegel der Länder, http://www.statistikportal.de, 08.06.2005.

- **O. V.** (2005): Gemeindegebiet, Bevölkerung und Bevölkerungsdichte 1985-1996, http://www.statistik.baden-wuerttemberg.de/SRDB/Tabelle.asp?T=01515 022&R=GE416041, 17.08.2005

- **O. V.** (2005): Haushaltstypen, http://www.destatis.de, 11.07.2005).

- **O. V.** (2005): Hypothekenvergleich: 5 J., 10 J. und 15 J., http://www.fmh.de/ home/grafiken/grafik/grafik_entwicklung8.html, 06.07.2005.

- **O. V.** (2005): Immobilie, http://de.wikipedia.org/wiki/Immobilie, 20.05.2005.

- **O. V.** (2005): Immobilienmarkt in Hamburg stabil, http://www.lbs.de/hamburg/die-lbs/presse/regionale-pressemeldungen/immobilienmarkt-2005-03?layo ut=printpopup, 21.06.2005.

- **O. V.** (2005): Immobilienmarktinformation interaktiv, http://www.hvbexpertise.de, 15.08.2005.

- **O. V.** (2005): Leverageeffekt, http://de.wikipedia.org/wiki/Leverageeffekt, 16.08.2005.

- **O. V.** (2005): Neubau- und Bedarfsprognose für den Wohnungsbau, http://www.lbs.de/bayern/die-lbs/presse/lbs-research/wohnungsknappheit, 01.07.2005.

- **O. V.** (2005): Rating, http://www.dihk.de/inhalt/informationen/news/schwerpunkte/rating/rating.html, 02.08.2005.

- **O. V.** (2005): Registrierte Arbeitslose Deutschland, http://www.destatis.de, 08.06.2005.

- **O. V.** (2005): Rendite, http://de.wikipedia.org/wiki/Rendite, 20.06.2005.

- **O. V.** (2005): Sanierungsgebiet, http://www.sis-verlag.de/Service/ser-abcs.htm, 23.08.2005.
- **O. V.** (2005): Verbraucherpreisindex für Deutschland, http://www.destatis.de, 22.08.2005.
- **O. V.** (2005): Volkswirtschaftliche Gesamtrechnung. Einwohner und Erwerbstätige, http://www.destatis.de, 09.06.2005.
- **O. V.** (2005): Volkswirtschaftliche Gesamtrechnung. Bruttoinlandsprodukt, http://www.destatis.de, 21.07.2005.
- **O. V.** (2005): Wirtschaftliche Belebung in 2004, http://www.destatis.de/presse/deutsch/pm2005/p0190121.htm, 21.07.2005.
- **O. V.** (2005): Wohneigentum, http://de.wikipedia.org/wiki/Eigentumswohnung, 30.06.2005.
- **O. V.** (2005):Wichtige gesamtwirtschaftliche Größen, http://www.destatis.de, 12.08.2005.
- **Rubisch, M./Solveen, R.** (2005): Deutschland. Konjunkturprognose 2005/2006, https://www.commerzbank.de/research/economic_research/pool/d_eur/prognosen/d_eur_prog_d.pdf, 08.06.2005.
- **Schöneberg, U.** (2005): Pressemitteilung: Zur Angst von Arbeitslosigkeit gesellen sich Sorgen um Inflation und Kriminalität, http://www.gfk.de/index.php?lang=de&contentpath=http%3A//www.gfk.de/presse/pressemeldung/contentdetail.php%3Fid%3D726, 26.07.2005.
- **Treiber, D.** (2005): Junge Alte ziehen zurück in die Stadt, http://www.welt-am-sonntag.de/data/2005/04/17/705011.html, 14.07.2005.

4. Studien und Sonstigen Quellen:

- **Bulwien Gesa AG** (Hrsg.) (2005): Immobilienindex 1975 bis 2004, München.

- **Bundesamt für Bauwesen und Raumordnung** (Hrsg.) (2004): Indikatoren und Karten zur Raumentwicklung - Ausgabe 2004, in: INKAR-CD, Berlin.
- **Dresdner Bank** (Hrsg.) (2001): Rating: Ein bewährtes Verfahren gewinnt neue Bedeutung, Köln.
- **GdW** (Hrsg.) (2004): GdW Branchenberichte August 2004. Mietwohnungen in Deutschland – ein attraktives und wertbeständiges Marktsegment, Berlin.
- **GEWOS** (Hrsg.) (2004): Frei finanzierter Mietwohnungsneubau. Endbericht, o. O.
- **GEWOS** (Hrsg.) (2004): Immobilienmarkt Deutschland, Hamburg.
- **Hessisches Ministerium für Wirtschaft, Verkehr und Landesentwicklung** (Hrsg.) (2005): Wohnungsbericht Hessen 2004, Wiesbaden.
- **Industriegewerkschaft BCE** (Hrsg.) (2005): Die Lage der Weltwirtschaft und der deutschen Wirtschaft im Frühjahr 2005, Hannover.
- **Informationsdienst Soziale Indikatoren** (Hrsg.) (2005): Relative Armut und Konzentration der Einkommen deutlich gestiegen, Mannheim.
- **Innova** (Hrsg.) (2003): Innovation. Der westdeutsche Wohnungsmarkt ist in Bewegung, Essen.
- **Just, T./Reuther, S.** (2005): Aktuelle Themen, in: Deutsche Bank Research, Frankfurt a. M.
- **LBS** (Hrsg.) (2005): Markt für Wohnimmobilien, Berlin.
- **Norddeutsche Landesbank** (Hrsg.) (2005): Global Markets. Immobilienmärkte – Einflussfaktoren und Perspektiven, Hannover.
- **Sal. Oppenheim** (Hrsg.) (2003): Perspektiven für Investitionen in deutschen Wohnimmobilien, Köln.
- **Statistisches Bundesamt** (Hrsg.) (2005): Bruttoinlandsprodukt 2004 für Deutschland, Wiesbaden.

- **Statistisches Bundesamt** (2003): Bevölkerungsfortschreibung, Fachserie 1, Reihe 1.3, Wiesbaden.
- **Statistisches Bundesamt** (2005): Genehmigte Wohnungen (Neubau), Fertiggestellte Wohnungen (Neubau), 1 F-NB-F, N, D, o. O.
- **Statistisches Bundesamt** (Hrsg.) (2001): Bautätigkeitsstatistik, Fachserie 5 Reihe 1, Wiesbaden.
- **Statistisches Bundesamt** (Hrsg.) (2001): Leben und Arbeiten in Deutschland. Ergebnisse des Mikrozensus 2000, Wiesbaden.
- **Statistisches Bundesamt** (Hrsg.) (2002): Bautätigkeitsstatistik, Fachserie 5 Reihe 1, Wiesbaden.
- **Statistisches Bundesamt** (Hrsg.) (2003): Bautätigkeitsstatistik, Fachserie 5 Reihe 1, Wiesbaden.
- **Statistisches Bundesamt** (Hrsg.) (2003): Bevölkerung Deutschlands bis 2050. 10. koordinierte Bevölkerungsvorausberechnung, Wiesbaden.
- **Statistisches Bundesamt** (Hrsg.) (2004): Bautätigkeit und Wohnungen, Fachserie 5 Reihe 1, Wiesbaden.
- **Statistisches Bundesamt** (Hrsg.) (2004): Bautätigkeitsstatistik, Fachserie 5 Reihe 1, Wiesbaden.
- **Statistisches Bundesamt** (Hrsg.) (2004): Datenreport 2004, Wiesbaden.
- **Statistisches Bundesamt** (Hrsg.) (2004): Kaufwerte für Bauland, Fachserie 17, Reihe 5, 2003, Wiesbaden.
- **Statistisches Bundesamt** (Hrsg.) (2004): Pressekonferenz „Statistisches Jahrbuch 2004“ am 5. Oktober 2004 in Berlin, Wiesbaden.
- **Statistisches Bundesamt** (Hrsg.) (2004): Wirtschaftsrechnungen, Fachserie 15, Heft 2, Wiesbaden.
- **Statistisches Bundesamt** (Hrsg.) (2005): Bautätigkeit und Wohnungen, Fachserie 5 Reihe 1, Wiesbaden.

- **Statistisches Bundesamt** (Hrsg.) (2005): Bautätigkeitsstatistik, Fachserie 5 Reihe 1, Wiesbaden.

- **Statistisches Bundesamt** (Hrsg.) (2005): Bevölkerung und Erwerbstätigkeit. Ergebnisse des Mikrozensus 2004, Fachserie 1/ Reihe 3, Wiesbaden.

- **Statistisches Bundesamt** (Hrsg.) (2005): Kaufwerte für Bauland, Fachserie 17, Reihe 5, 4.Vj. 2004, o. O.